고전시가의 이해

성낙희 · 조연숙 편저

국학자료원

머리말

작금 인문학이 쇠퇴하고 고전을 멀리하는 학문 풍토를 염려하지만, 고전시가 문학에 대하여 각별한 관심을 가지는 사람들은 여전히 끊이지 않는다. 참으로 신기하고 기특한 일이다. 정신사의 흐름이란 이처럼 면면한 것이다. 한국문학사 내지 문화사는 시가사라고 해도 지나치지 않을 만큼 우리 민족은 그 존재의 시작에서부터 시가와 더불어 존립해왔던 것을 생각할 때 우리 고전시가는 한국인의 정신적 원천이라 할 수 있을 것이다.

이 책은 고전시가 강독 강의 교재로 만들어졌다. 그러나 대학에서 국문학을 전공하는 학생이나 대학원생뿐만 아니라, 대학 입시 수학능력시험이나 교원임용고시를 준비하는 수험생들에게도 우리 고전시가 전 장르의 일반적인 성격과 시 세계를 이해하는데 도움이 되기를 기대한다. 또 고전시가에 흥미를 느끼시는 일반인들에게도 길잡이가 되기를 바라마지 않는다. 우리 전통시가는 읽는 일에서 이미 그 시적 흥취를 맛보게 되기 때문이다.

이 책에는 고대가요에서 향가·고려속요·경기체가와 악장·시조·가사에 이르기까지 역대 한국 고전시가 전 장르의 작품들을 수록하였다. 고대가요·향가·속요는 작품 유산 거의 전체를, 경기체가와 악장·시조·가사는 시사의 흐름에서 중요한 일부를 엄선하였다. 아마도 독자들은 이 책을 통하여 한국문학사 내지는 한국시가사의 사적 전개 양상을 자연스럽게 터득하게 되고, 한국시의 서정적 본질에 대하여도 깨닫게 되리라 믿는다.

수록 작품의 원문은 출처가 되는 원전의 표기를 존중하였다. 모든 문학작품은 원어로 읽는 것이 그 원작의 진디를 맛보는 첩경일 것이나, 공부하는 과정으로 이를 현대어로 옮기고 주석을 달아 독자의 편의를 도우려 하였다. 구체적인 개별 작품론을 덧붙이지 못한 것이 아쉬우나, 우선 미흡한대로 이 책이 우리 고전시가 문학에 대한 총체적 이해에서 현대시에 이르기까지 한국시의 서정적 맥락을 진단하는 그 단초에 놓이기를 소망한다.

2006년 2월

성 낙 희

목 차

Ⅳ. 고려 속요 · 78

Ⅴ. 경기체가와 악장 · 101

1. 경기체가 · 101

2. 악 장 · 114

VI. 시 조 · 123

1. 고려 말과 조선 전기의 시조 · 123

2. 조선 후기의 시조 · 143

Ⅰ. 고전시가의 이해

성 낙 희

고전시가란 우리 문학사의 가장 이른 시기부터 나타나서 왕조기 말까지 지속되었던 일련의 우리 전통시를 포괄하여 부르는 명칭이다.

어느 민족이나 그 민족 고유의 시가 있으나 발생의 첫 시기를 명확히 단정하여 규명하기는 심히 어렵다. 우리 시가 역시 우리 민족의 생성과 그 역사를 함께 한다고 볼 수 있지 않을까 추단할 수 있을 뿐이다. 문학은 인류가 말로써 의사를 전달하고, 감정을 표현할 때부터 생겼을 것으로 보기 때문이다. 현전하는 우리 문학 유산으로서의 고전시가는 원시문학시대 제2기인 신석기 시대에 접어들면서 나타난 것으로 보인다. 이 때 우리 조상들은 사냥과 고기잡이로 살아가는 사람살이의 내용들을 노래와 이야기 또는 민요와 설화의 형태로 나타냈을 것이나, 이른바 토테미즘, 애니미즘 같은 원시 종교적인 사고에 기초한 동작예술에서 언어예술의 성격들을 구비하기 시작한 것은 농경생활로 정착하면서부터였다.

농경생활을 위주로 했던 우리 조상들은 농사를 시작하고 끝내는 시기마다 하늘에 제사를 지내고 술 마시고 춤추고 노래하며 즐겼다고 문헌 기록들은 전한다. 부여의 영고, 고구려의 동맹, 예의 무천, 백제의 오월제, 시월제

같은 제천 의식이 그것인데, 이 과정에서 노래와 무용을 아우른 연희적 원시종합예술을 즐겼다는 것이다. 이 같은 원시종합예술의 형태로 이루어진 제의의 놀이 속에서 이른 시기의 우리 시가가 발생했으리라고 볼 수 있다. 노래에는 음의 요소와 말의 요소, 즉 악의 요소와 시의 요소가 함께 들어 있고, 여기서 말의 요소가 분리된 것이 시라 할 것이기 때문이다.

이들이 고대국가들에서 국가적 규모로 거행되었던 연례행사의 기록이라고 하면 이는 이미 상당한 수준의 문화적 분위기가 형성된 시기의 문화 행사의 일종으로 보아도 무방할 것이다. 우리 시가의 초기 모습은 청동기 문화의 정착과 농경사회를 배경으로 한 집단제의의 필요성에서 시작되었기 때문에 무엇보다도 주술성과 제의성을 통한 신성성을 중심 내용으로 하고 있다. 따라서 고대가요로부터 고려가요에 이르기까지는 배경설화와 함께 전하는 노래가 많으며, 심지어는 노랫말은 없고 배경설화만 있어서, 설화 내용을 통해 노래의 성격을 추정하게 되는 경우도 적지 않다. 이렇게 우리 시가는 집단성과 연희성, 오락성이 강조되는 공동체 의식의 소산인 민속요에서 출발하여 점차적으로 삶의 인식에서 얻어지는 개인적인 서정요로 분화 발달하여 왔다. 장르 명칭을 '고전시'라 하지 않고, '고전시가'라 하는 이유 또한 그 발생과 발전 과정에서 찾을 수 있다. 가장 이른 시기부터 신라, 고려, 조선조에 이르기까지 고대가요에서 시작하여 향가, 고려가요, 시조, 가사를 음악과 더불어 즐긴 우리 선인들의 전통 생활 문화가 이를 잘 말해준다.

1. 고대 가요

원시 문학기를 거쳐 건국신화가 나타나는 청동기시대에 들어서면서 다

수 민족 국가들이 성립되고 각 국가의 건국신을 기리는 제천의식으로 국중 대회가 열림에 따라 원시종합예술은 분화 독립하기 시작하였다. 이 시기의 노래들을 고대가요 또는 상대가요, 상고대가요, 상고가요라고 하는데, 오늘날 그 노래들은 거의 전해지지 않고, 오직 중국의 문헌이나 『삼국유사』, 『삼국사기』 등에 4언 4구 시경시체로 한역되어 남아 있을 뿐이다. 그 대표적인 것이 주술적 제의적 성격의 노래인 <구지가>, 남편을 여읜 여인의 비극적 사랑을 노래한 <공무도하가>와 제왕의 슬픔을 노래한 <황조가>가 있다. 이들은 모두 한문 설화 문맥 속에 삽입되어 있어서, 배경설화와 함께 이해하여야 그 시 세계를 해석할 수 있는 특성이 있다.

<구지가>는 『삼국유사』, 「가락국기」조에 4언 4구의 한역시 형태로 전한다. 이는 가락국 시조인 김수로왕의 강림신화와 함께 전하는 삽입가요이다. 임금을 맞이하면서 불렀던 노래라 하여 <영신군가>·<영신가>·<구하가>·<구지봉영신가> 등으로 불리기도 한다. 이 노래는 임금을 맞이하거나 맞이하기를 기원하면서 춤을 추면서 불렀다는 점에서 축도가(祝禱歌)인 동시에 제천의식의 재현이라는 점에서 주술 제의적인 노래로 보기도 한다. 이를 신라 선덕여왕 때의 <해가>와 비교하면, 건국서사시의 일부를 이루고 있는 나라굿에서 부른 <구지가>가 민간 전승되었음을 알 수 있고, 아울러 우리 시가 형식의 변화와 발전 양상을 알 수 있다. 즉 4언 4구의 고시형태에서 7언시 형태로 점차 구체적인 한시 형태를 갖추어나간 것이다.

<구지가>가 집단적 서사 민속요라고 한다면 <공무도하가>와 <황조가>는 개인적 서정요라 할 수 있다. <공무도하가>는 중국문헌인 『고금주』에 배경설화가, 『악부시집』에 그 가사가 전하던 것을 조선시대 『해동역사(海東繹史)』, 「악지」에 옮겨서 널리 전하는 고조선의 노래이다. 이 작품은 작자가 백수광부의 처인가, 뱃사공 곽리자고의 처 여옥인가 하는 문제와

작품의 국적을 중국으로 볼 것인가 우리나라로 볼 것인가 하는 문제, 또 백수광부와 그 아내를 주신과 악신으로 볼 것인가 하는 점이 주로 논의의 쟁점이 되어왔다. 그러나 이는 우리 민중들이 부르던 민요가 우리 문화유산의 일부가 중국으로 흘러들어감에 따라서 악부화한 것으로, 남편을 여읜 아내의 애절한 슬픔을 노래한 것으로 볼 수 있다. 소박한 서민의 심경을 표현한 여성적 정조가 후대 고려속요를 위시하여 미인곡 계통의 가사, 시조와 사설시조, 규방가사, 민요에 이르기까지 시적 보편성을 획득하면서 우리 문학사의 주된 시맥을 형성하게 되었다.

<황조가>는 『삼국사기』, 「고구려 본기」, 제2대 유리왕 3년조에 설화와 함께 삽입된 4언 4구의 한역시로서, 문헌 기록 문맥에 의하면 유리왕이 화희와 치희, 두 계비의 사랑싸움에서 치희를 잃은 슬픔을 노래한 것이라 한다. 『삼국사기』의 기록이나 시 자체의 내용을 중심으로 우리나라 최고의 개인 서정시로 보기도 하고, 유리왕을 고대 영웅으로, 두 왕비를 두 부족의 영상으로 보아, 부족간의 투쟁에서 실패한 족장의 서사시로 보기도 한다. 집단 공동 제작에 의한 구애의 민요로 보는 견해도 있다.

2. 향 가

삼국시대에 이르러 고구려·백제에도 각기 <연양>·<내원성>·<명주>, <선운산>·<지리산>·<정읍사> 등의 속악이 있었으나, 이들은 모두 『고려사』, 「악지」에 각 노래의 유래만 전할 뿐, 그 노랫말은 전하지 않는다. 한편 신라에서는 향가라는 우리 노래가 새로이 나타났다. 향가는 본래 중국의 노래에 대한 우리 노래를 뜻한다. 즉 한문으로 이루어진 한시에 대하여 향찰로 표기된 우리 노래에 대한 범칭이다. 더 정확히는 신라 시대에서 고려 초기까지 향찰식 문자로 지어진 노래 전반을 일컫는 것으로, 사뇌가·시내가·사내악 등으로도 부른다. 향가는 비록 한자에 의지한 것이긴 하지만 자국 문자로 지어진 첫 시가 형태라는 점에서 문학사적 의미가 크다.

현전하는 향가는『삼국유사』소재 신라향가 14수와『균여전』소재 고려향가 11수로 모두 25수이며, 여기에 12세기 초 고려 예종의 <도이장가>와 정서의 <정과정곡>을 각각 8구체, 10구체 향가의 잔영으로 보태기도 한다. 형식면에서 4구체·8구체·10구체가 있는데, 4구체 4수·8구체 2수·10구체 19수로 10구체가 가장 많다. 향가의 형식과 시적 성격의 관계를 살피면, 4구체는 <서동요>나 <풍요>처럼 이름 없는 사람들이 지어 부른 민요풍의 노래이고, 8구체와 10구체는 고승 대덕이나 화랑 등 당대의 유명 인사들이 지어 부른 시적 형식이 갖추어진 서정적인 노래이다. 향가에는 집단적인 정서의 노래와 개인적인 정서의 노래가 혼재해 있다. 민요적 성격을 지닌 4구체로부터 8구체, 10구체의 형태로 그 형식이 발전하여 독특한 시 형태를 완성한 것으로 본다. 10구체 향가는 통일 신라 시대의 문화적 성격을 고도로 양식화한 것으로 전4구, 후4구, 후렴구 2구의 정제된 완성형을 이루며, 사뇌가 장르로 독립적인 개념을 형성하기도 한다.

향가의 작가는 양적으로는 승려나 화랑이 가장 많으며 그 내용 또한 불교적인 것이 많다. 그러나 향가를 승려나 화랑의 문학이라고만 할 수 없을 것이, 진성여왕대에 각간 위홍과 대구화상이 1000여수의 향가가 수록된 향가집『삼대목』을 편찬했다는 기록이 있으니 이로 미루어 향가가 위로는 왕으로부터 일반 백성에 이르기까지 신라인들 사이에서 널리 불렸던 노래였음을 알 수 있다. 향가는 통일신라의 불교적 귀족문화를 배경으로 이루어진 내용면이나 형식면에서 일정한 수준에 도달한 시가로서, 대체로 민요적인 작품·찬송적인 작품·주술적인 작품·교훈적인 작품·기원적인 작품으로 그 주제 유형을 나눌 수 있다.

통일 신라의 고도의 불교문화를 배경으로 한 불교적 인생관을 노래한 많은 노래들이 있었을 것이나 달리 작품집이 전해지지 않으니 더 이상 작품의 실체를 볼 수 없음이 안타까울 뿐이다. 신라시대의 것으로는 『삼국유사』 소재 향가 14수뿐이고, 이는 배경설화와 함께 전승되고 있어서 노래가 설화 속에 서식하는 고대가요적 잔재로 해석할 여지가 없지 않으며, 실제로 이것은 향가의 시적 해석에 노래 자체만 볼 것인가 설화 문맥과 관련시킬 것인가 논란이 되기도 한다.

<보현십원가>는 고려향가로서 『균여전』에 실려 있는데, 신라향가와는 그 성격이 다르다. 향가의 시 세계가 불교적인 세계관에 바탕한 것이 그 특징이기는 하지만, <보현십원가>에 이르면 『화엄경』, 「보현행원품」에 있는 보현보살의 십원(十願)을 10구체 향가 형식으로 시화하는 교조적인 기능에 편중됨으로써 시로서의 서정성보다는 포교적 교훈성이 두드러져서 문학사적 수명은 단명하였다.

3. 고려 속요

고려시대는 우리 문학사에 출몰한 모든 시가 형태가 집합한 시대이다. 풍성했던 한시 유산은 차치하고라도, 균여의 <보현십원가> 사뇌가와 예종의 <도이장가>, 정서의 <정과정> 등 향가의 잔존형태로 보이는 향가계 노래, 경기체가, 속요, 여말에 발생한 시조와 가사 등, 모든 우리말로 된 시가가 이 시기에 출현하였다. 이 가운데 향가는 신라에, 시조와 가사는 조선에 그 장르를 내어 주고, 순연한 고려시대의 노래라 할 수 있는 것은 속요와 경기체가로서, 이들은 전대의 향가의 서정적 틀을 이어받아 후대의 시조와 가사를 생산케 하였다.

고려시대의 노래는 조선시대의 문헌들에 전해지고 있다.『고려사』에서는 고려 시대의 노래들을 속악이라 부르고, 노래를 이루는 말이 매우 상스러우므로 그 이름과 지은 뜻만 기록해 둔다고 하였다. 속요의 작자는 대부분 알려져 있지 않고, 현전하는 속요의 많은 작품들은 아마도 이름 없는 백성들, 그 가운데 많은 작품이 여인들이 지었을 것으로 추정된다. 고려에서는 시적 완성도가 높은 사뇌가 같은 서정시보다 민중들 사이에서 불려지며 전승되던 민요를 새로운 궁중무악 혹은 연악으로 재편하여 수용하였다. 속요란 이렇게 궁중의 속악가사로 형성되었다가 한글 창제 이후 구악을 정리하는 과정에서『악학궤범』·『악장가사』·『시용향악보』등의 악서에 기록되어 전승되어온 것이다. 따라서 속요가 작가층과 수용자층이 서로 다른 이원적 성격을 지니는 것은 자연스럽다 할 수 있다. 고려시대의 일반 민중들이 부르던 노래들이 궁중에까지 흘러 들어가 왕실 및 권문세족들이 그 진미를 향유함으로써, 음악을 다루는 교방에 전전하다가 악서들에 정착되어 현전하게 되었기 때문이다. 현전하는 노랫말 역시 원래 재래의 민요를 궁중악에 맞게 어느 정도 윤색되었을 것으로 볼 수 있다.

속요의 형식은 크게 노래 전체가 한 연으로 이루어진 단연체와 노래 전체가 여러 연으로 이루어진 분연, 연장체로 나눌 수 있으며, 분연체는 각 분절의 말미에 여음 또는 후렴구를 첨가 삽입한다. 전자의 대표적인 작품으로는 <정읍사>·<사모곡>·<정과정>, 후자의 대표적인 작품으로는 <동동>·<청산별곡>·<서경별곡>·<만전춘별사> 등을 들 수 있다.

현전하는 속요들은 남녀 간의 비극적인 사랑과 이별, 사친, 남편의 무사귀환을 간구하는 아내의 마음 등, 여성적 정한이 주를 이루고, 일부 이를 변용하여 연군, 지조, 무상 등을 노래한 남성적 정조의 노래가 있으나 <청산별곡>류를 제외하면, 주로 일반 민중의 사랑과 이별의 여성적 정한이 주류를 이루는데, 이를 두고 조선조 악서 편찬 과정에서 고려의 속악들을

‘음사(淫詞)’라 하고 ‘남녀상열지사(男女相悅之詞)라, 사리부재(詞俚不載)라’고 폄하 논란하였다. 대부분의 속요는 시적 화자가 여성으로 설정되고, 불우하고 비극적인 사랑의 주인공이 겪는 심리적 애환을 진솔하게 시화하고 있다.

이는 <공무도하가>에서부터 그 시맥을 찾을 수 있으며, 이후 20년대 한국시의 여성편향적 정서에 이르기까지 그 맥이 이어진다. 어떤 종교적인 이념보다도 낳고 살고 사랑하고 이별하는 가장 인간적인 인간의 문제에 대한 관심이 속요의 시적 명맥을 장구하게 하는 힘이라 할 것이다.

4. 경기체가와 악장

경기체가는 고려 후기에 개척된 새로운 시가 장르이다. 고려 고종 때 <한림별곡>을 출발로 발생하여, 고려 후기와 조선 전기까지 한시문에 우리말 토를 다는 형식으로 이루어진 한문철의 독특한 시가 형태로 존재하였다. 이는 고려 전기를 대표한 속요와 같은 민중 문학에 대하여 신라 향가와 같은 고급 상층 문화를 반영할 문학의 필요성에서 생산된 장르라 할 것이다. 무신의 난, 몽고의 난 등 외우내환을 겪으면서 소멸한 상층시가문학을 회복하기 위하여 신흥사대부들을 중심으로 성리학적 관념에 입각하여, 전기의 퇴폐적이고 향락적인 문화를 새롭게 하기 위하여 창안된 장르가 경기체가이다. 경기체가 뿐 아니라 시조·가사 또한 고려 후기 문화 풍토를 쇄신하기 위한 목적에서 창안된 시가 장르이다. 이 중 시조와 가사는 한글 창제에 힘입어 조선 시대를 대표하는 시가의 두 봉우리를 이루었고, 경기체가 또한 조선 전기 임란 전까지 존재하였다.

경기체가는 별곡 또는 별곡체라는 명칭을 사용하기도 하는데, 노랫말에

서 여러 가지 사물과 사건들을 열거한 다음, 노래 말미에 '위 ~ 景 긔 엇더ㅎ
니잇고(景幾何如)'라는 후렴구를 붙인데서 '경기하여체가'라 하고 이를 줄
여서 통상 '경기체가'라 한다. 경기체가는 연장 형식으로 이루어지며 한
장은 6행인데 4행까지가 전대절, 5행 이후가 후소절로 양분되는 분절형식
이고 4행과 6행 끝에 여음 '爲景幾何如'가 온다. 5행의 4음보 중 후2음보는
전2음보의 가사를 반복한다. 그리고 1행에서 3행까지는 매행 3음보, 5행은
4음보가 원칙이며, 음수율은 제 1, 2행이 3·3·4, 제3행이 4·4·4, 제5행이
4·4·4·4로 고정되어 있으나, 조선조에 와서 지어진 작품들은 형식의
정형성을 파괴하였다.

현전 경기체가는 모두 26편인데 이 가운데 고려의 노래는 <한림별
곡>·<관동별곡>·<죽계별곡> 3편이고, 나머지는 모두 조선이 건국된
이후 조선 건국을 찬양하는 찬송의 내용들을 담은 것들이다. <한림별곡>
은 과거에 합격한 문인들이 자긍심에 넘치는 생활을 구가하며 무신정권에
아첨하기 위하여 지은 것이다. 이 같은 선민의식이 조선 건국과 맞물려
조선 건국을 찬양하는 일련의 찬송적 내용의 노래들로 발전하였으니 정도
전을 위시하여 윤회, 권근, 변계량, 하륜, 상진 등, 다수 개국공신들이 경기체
가 형식에 송축의 뜻을 담은 악장 성격의 노래들을 지었다. 그러나 이들은
시적 가치가 별무한 찬가요 아첨의 노래일 뿐이었다.

훈민정음이 창제되면서 한문철에 토를 다는 경기체가 형식을 버리고 우
리말로 표기한 악장 <용비어천가>를 지음으로써 역성혁명을 본격적으로
합리화하고 <여민락>이라 하여 행진곡의 악장으로 쓰기도 하면서, 민심을
수습하고 예악을 정비하려 하였다. 한편 <월인천강지곡>을 위시하여 <관
음찬>·<영산회상> 등, 궁중의 구나(驅儺) 의식에서 불렸을 것으로 보이
는 불교 악장들도 있다. 그러나, 악장은 특정 집단을 위한 특정 작가층에
의하여 지어진 특수목적시이기 때문에 문학적인 안정을 얻지 못하고 시험

적이고 과도적인 장르로서 단명하였다.

5. 시 조

시조는 고려 후기에 발생하였으나 조선시대를 대표하는 시가 장르이다.
여말 신흥사대부들의 미의식과 세계관을 반영하여 창안되었으나, 척불 숭유
정책을 표방한 조선왕조가 한글을 창제하고 유교를 국시로 정착 발전해감에
따라 시조는 조선조의 정신적 기반을 반영하는 시가 형식으로 발전하였다.
양적으로는 미미하나 조선 건국에 따르는 망국 고려 왕조에 대한 회고적
애상을 담고 있는 고려시조는 시조의 서정시로서의 본질을 담고 있는 중요
한 자료이다. 그러나 왕조를 달리하여 조선조에 들어오면서 시조는 순수서
정성보다는 유교적 사회 이념을 담는 그릇이 되었다. 3장 6구, 4음보격의
단형시 형태는 조선이 표방한 유교 이념을 담는데 가장 적합한 시 형태였다
고 할 수 있다. 따라서 시조는 사대부들의 우국충정이나 강호자연의 삶,
유교 이념, 연군과 절의, 타성적 풍류, 인생무상과 고독, 그리고 기녀들의
인간적 사랑의 애환을 노래한 것들을 특기할 만하다.
시조의 기원을 불가나 한시에서 찾기도 하고, 무가와 민요에서 찾기도
하고, 바로 직전 시대의 시가인 속요가 소멸하면서 이루어진 것이라고도
한다. 그러나 문학사가 직선으로 전진 발전해나가기만 하는 것이 아니라,
그 시대 시대의 문화적인 관록에 따라 높은 장르와 낮은 장르가 서로 교체해
가면서 발전해나가는 것이라고 할 때 시조는 10구체 사뇌가와, 사설시조는
속요와 그 시적 성격이 서로 같은 선상에 놓인다. 따라서 시조를 사뇌가의
전승 발전 형태로 보기도 한다.
시조는 단가, 신조, 신성, 신번, 시여, 가, 가곡, 가요, 영언, 시절가, 시절가

조, 시절단가 등, 그 명칭이 다양하다. 근대문학기에 와서는 정형시, 삼행시, 삼장시, 민족시, 시조시 등으로 불리기도 했으나, 실상 시조는 음악의 측면에서 시조창(時調唱), 문학의 측면에서 시조시(時調詩)를 아우르는 용어이다. 시조는 3장 6구 45자 안팎의 정형(定型) 단가로서 양반 사대부 계층의 창의 문학으로 전승되었다.

　시조는 작가층에 따라서 양반시조, 평민시조, 기녀시조로 나눌 수 있다. 양반 사대부들은 주로 유교적 이념을 바탕으로 자연과 동화되는 삶의 질서를 노래하였다. 조선 중기에 오면서 한 가지 주제를 여러 수에 연속적으로 표현하는 연시조 형태가 출현하였고, 평민 가객들은 삶의 현장을 사실적으로 그리거나 인간의 인간적인 면모에 관심하기 시작하였고, 기녀들이 등장함으로써 남성의 전유물이었던 시조에 여성이 참여하게 되었다. 사대부시조가 유교의 윤리 도덕에 충실한 집단의식에 치중하였다면 기녀시조는 인간 중심의 시인 개인의 자아 인식에 충실하였다. 시조가 엄연히 서정시의 일종이라고 할 때, 기녀시조는 시인의 자기 응시의 결정이라는 점에서, 예술로서의 시적 본질을 갖추기 시작하였다는 점에서 중요한 의미를 지닌다.

　임·병 양란으로 하여 조선 전기 사대부 중심 사회가 흔들리기 시작하면서 실학사상을 바탕으로 평민 의식이 고조되기 시작하였고 숙종조에 들어서면서 소위 평민 - 서류(庶流), 중인(中人), 서리(胥吏) -의 지위가 향상하면서 시사(詩社)를 만들어 풍류를 즐기면서 나타난 것이 한시에서 위항시(委巷詩)와 우리시에서 사설시조이다. 평시조가 3장 6구 45자 안팎의 단가인데 대하여 사설시조는 평시조의 초장이나 중장, 종장 중 어느 1장, 또는 2장, 또는 3장 전체가 무한 길어진 장가(長歌)이다. 작품 내용 또한 그들이 처한 시대상과 사회상, 인간성의 심층을 적나라하게 토로하고 있는 점에서 전대 양반 사회에 대한 저항의식을 보이기도 한다. 주로 무명의 평민 가객들에 의하여 이념보다는 인간의 본성에 주목하며 삶의 실상을 허심탄회하게

풍자 표현한 것들이다. 사설시조는 형식면에서 자유시 내지는 산문시의
최초의 형태라는 문학사적 의미를 지닌다.

6. 가 사

가사는 시조와 더불어 조선조 시가문학의 큰 봉우리다. 가사는 '歌辭'와
'歌詞'의 두 가지 용어가 있다. 이 중 歌辭는 100행 이상의 장형 가사에,
歌詞는 십이가사(十二歌詞)로 대표되는 100행 이내의 단형 가사에 쓰자는
견해도 있으나 대체로 구별 없이 歌辭로 많이 쓰고 있다. 그러나 가사 역시
한글문학의 대표적인 장르인 만큼 歌詞와 歌辭 두 개념을 포괄하여 그냥
한글로 '가사'라고 쓰는 것이 어떨까 한다. 가사는 형식상 4음보 무제한
연속체의 율문이다. 가사의 한 음보는 3·4음절로 된 것과 4·4음절로 된
것이 있다. 전자는 주로 전기 양반 사대부 가사에서, 후자는 후기 평·서민
가사에서 드러나는 형식상의 특징이다. 또 가사 결사 부분의 마지막 행이
시조의 종장 형식을 갖추고 있는 것과 여기서 벗어난 것이 있는데, 전자는
주로 전기 가사의 형식을 이루는 정격으로, 후자는 후기 가사의 형식을
이루는 변격으로 변별하기도 한다.

가사의 첫 작품을 조선 초기 성종조 정극인의 <상춘곡>으로 보는 설과,
여말 나옹화상의 <서왕가>로 보는 설이 있다. <서왕가>는 정음이 창제되
기 전의 작품이나 후대 문헌에 기록되었고, <상춘곡>은 정음 창제 이후의
작품이나 역시 후세의 문헌에 정착되었기 때문에 과연 이들이 최초의 가사
작품이라 할 수 있을지 의문스러운 바 있으나, 한편으론 이를 통하여 가사의
구비문학적 성격을 가늠해 볼 수도 있을 것 같다. 또한 <상춘곡>이 맨
처음의 가사라고 하기에는 형식적으로 매우 세련되어서 가사는 더 올라가

서 이미 고려 말에 그 장르 형태가 시작된 것으로 보는 것이다.

가사의 기원에 대해서는 크게 고려속요나 경기체가, <용비어천가>나 <월인천강지곡> 같은 악장, 교술 민요 기원설 등이 있는데, 이 가운데서 특히 경기체가와 가사는 비교해볼 만하다. 이들은 두 장르 모두 사물이나 생활을 나열 서술하는 장르이며 가사의 발생이 경기체가의 쇠퇴와 시기적으로 맞물리는 데 주목하게 된다. 경기체가는 단형이라면 가사는 장형인데 이는 한글창제로 말미암아 창작 표현이 더욱 원활하게 된 데서 일차적 원인을 찾을 수도 있을 것이며, 경기체가나 시조 같은 단형 시가들을 익힌 솜씨로서 3·4, 4·4의 4음보 무제한의 시행을 이어가는 것은 그리 어렵지 않았던 것은 아닐까 싶기도 하다.

<서왕가>를 가사의 첫 작품으로 본다면, 가사 역시 고려가사, 조선전기 가사, 조선후기 가사, 개화기 가사로 그 시대를 나누게 되는데, 여말 불교가사의 출현은 경기체가의 출현과 유사한 맥락에서 문학사의 흐름과 장르 생성의 관계를 주목할 만하고, 특히 이미 그 장르 발생에서 가사의 장르 개념과 기능을 암시하는 바 있음을 주목하게 한다.

조선전기 가사는 시조와 마찬가지로 양반 사대부가 작가층의 중심을 이루었다. 정극인을 위시하여 송순, 정철 등은 벼슬에서 물러나 야인으로서의 삶을 풍류 정신으로 노래한 작가들이고, 이황, 이이, 남명은 대조적으로 가사를 통하여 유가적 삶의 지침을 강조하였다. 박인로는 현실 생활에 대한 구체적인 모습을 사실적으로 그려내어 후기 가사의 특징을 많이 드러내었다.

조선 후기는 평민 의식이 대두됨에 따라 양반가사도 현실주의적 사고를 바탕으로 생활의 구체적인 내용을 다룸으로써 평민가사와의 거리를 좁히었다. 월령체 노래인 <농가월령가>를 비롯하여 <일동장유가>, <연행가> 등의 장편 기행가사나 <북천가> 같은 장편 유배가사가 좋은 예가 된다. 뿐만 아니라 <우부가>, <용부가>같은 작품을 통하여 필부필부(匹

夫匹婦)의 인간적인 면모를 적나라하게 풍자하기도 한다.

규방가사는 전기 허난설헌의 <규원가>를 첫 작품으로 보나 실제로는 후기에 들어와서 영남 반가의 부녀자들을 중심으로 시작되었고 사대부가 사가 쇠퇴의 길을 가는데 비하여 이들은 개화기를 지나 일제 치하에서도 활발하게 활동하였을 뿐만 아니라 현대 규방가사로까지 그 맥을 잇고 있다. 규방가사는 부녀자들이 조선조 유가의. 윤리 규범에 속박된 삶의 애환과 인간적 고뇌를 호소하거나 인간 여성으로서의 자아정체성을 드러내기도 한다. 규방가사는 작가층은 양반이면서 작품 내용은 평민가사의 성격에 가깝다.

개화기 가사는 갑오경장 이후 최제우의 <용담유사>를 시작으로 개화기 의 민족의식과 시대적, 사회적 문제를 다루었다. 독립신문, 특히 대한매일 신보의 '사회등' 란에 가사를 실어서 가사가 어의 그대로 사회의 문제를 밝히는 기능을 발휘하고자 하였다. 따라서 형식은 조선 후기 장형가사에서 다시 단형으로 분연이 되고, 이는 다시 이후 신문학기 창가의 형식으로 더욱 압축되기도 한다.

Ⅱ. 고대 가요

(1) 황조가(黃鳥歌)

翩翩黃鳥	훨훨 나는 꾀꼬리는
雌雄相依	암수 서로 의지하는데
念我之獨	외로워라 이 내 몸은
誰其與歸	뉘와 함께 돌아갈까

　【관련설화】 유리왕 3년(B. C. 17) 7월 골천(鶻川)에 이궁(離宮)을 지었고, 10월에 왕비 송씨가 죽었다. 왕은 다시 두 여인을 계실로 맞아들였는데, 하나는 이름이 화희(禾姬)로 골천 사람의 딸이고, 다른 하나는 치희(雉姬)로 한인(漢人)의 딸이었다. 두 여인은 총애를 다투어 서로 화목하지 못했으므로, 왕은 양곡(涼谷)의 동·서에 두 개의 궁을 짓고 따로 살게 했다. 후에 왕이 기산(箕山)에 사냥을 나가 칠일이 되어도 돌아오지 않았는데, 두 여인이 싸웠다. 화희가 치희를 꾸짖어 말하기를 "너는 한가(漢家)의 비첩으로 어찌하여 무례함이 이토록 심한가?"하자 치희는 부끄럽고 한이 되어 달아나듯 돌아가 버렸다. 왕이 이 이야기를 듣고 말을 몰아 쫓아갔으나 치희는 화가 나서 돌아오지 않았다. 왕은 일찍이 나무 아래에 쉬면서 꾀꼬리들이 날아 모여드는 것을 보고 느끼는 바 있어 그 심정을 노래하였다.

(『삼국사기(三國史記)』 고구려본기(高句麗本紀) 유리왕 3년)

(2) 구지가(龜旨歌)

龜何龜何	거북아 거북아
首其現也	머리를 내놓아라
若不現也	만약 내어 놓지 않으면
燔灼而喫也	구워 먹으리

【관련설화】 천지가 개벽한 후 이 곳에는 아직 나라 이름이 없었고, 또한 임금과 신하를 일컫는 말도 없었다. 다만 아도간(我刀干), 여도간(汝刀干), 피도간(彼刀干), 오도간(五刀干), 유수간(留水干), 유천간(留天干), 신천간(神天干), 오천간(五天干), 신귀간(神鬼干) 등 아홉 간(干)이 있어, 이들이 추장으로서 백성들을 통솔하였다. 모두 일백 호(戶)에 7만 5천 명이 거의 각기 스스로 산과 들에 도읍을 정하고 우물을 파서 마시고 밭을 갈아 먹었다. 후한(後漢) 세조(世祖) 광무제(光武帝) 건무(建武)[1] 18년[2] 임인(壬寅) 3월 계욕(禊浴)의 날[3]에 그들이 사는 곳의 북쪽 구지봉(龜旨峯)[4]에서 무엇을 부르는 이상한 소리가 났다. 무리 중 거의 2, 3백여명이 여기에 모였는데, 사람 소리 같은 것이 형체는 숨기고 소리만 내어 이르기를, "이 곳에 사람이 있느냐?"라고 하였다. 구간(九干) 등이 "저희가 있습니다."라고 대답하자, 또 "내가 있는 곳이 어디냐?"라고 하였다. "구지(龜旨)입니다."라고 대답하자 또 이렇게 말하였다. "하느님이 나에게 명하기를 이곳에 나라를 새로 세우고 임금이 되라고 하였으므로 이곳에 내려온 것이니, 너희들은 모름지기 봉우리 꼭대기의 흙을 파면서[5] <구지가>를 노래하며 춤을 추어라. 그러면 곧 대왕을 맞이하여 기뻐 뛰놀게 될 것이다." 구간 등이 그 말대로 모두 함께 기뻐하면서 노래하고 춤을 추었다. 얼마 안 되어 우러러 바라보니 자줏빛 줄이 하늘로부터 드리워져 땅에 닿았다. 줄의

---

1) 재위 기간 : 25-57.
2) 기원 후 42년.
3) 제액(除厄)의 의미로 재계(齋戒)하고 노는 것. 음력 3월 첫째 사일(巳日). 후세에는 3월 3일, 곧 삼짇날을 이름.
4) 산봉우리가 거북의 엎드린 모양과 같아서 이같이 부른다고 함. 경남 김해시에 있음.
5) '(손으로 한 줌씩)쥐고'로 풀이할 수도 있음.

끝을 찾아보니, 붉은 보자기에 금합이 싸여있어 열어보니 해같이 둥근 황금 알 여섯 개가 있었다. 사람들이 모두 놀라고 기뻐하며 함께 백배(百拜)하였다. 얼마 후 다시 알을 싸서 안고 아도간의 집으로 돌아와 탁자 위에 두고 모두 각기 흩어졌다. 이튿날 아침에 사람들이 다시 모여서 금합을 열어 보니, 여섯 개의 알이 동자(童子)로 변하였는데 용모가 매우 거룩했다. 이에 상 위에 앉히고 여러 사람이 절하고 하례(賀禮)하며 극진히 공경했다. 나날이 장성하여 10여일이 지나자 키는 9척으로 은(殷)나라의 천을(天乙)[6]같고, 얼굴이 용 같음은 한(韓) 나라의 고조(高祖)같고, 눈썹 여덟 빛깔은 당(唐)나라의 고(高)[7]같고, 눈이 겹눈동자인 것은 우(虞)나라의 순(舜) 같았다. 그 달 보름에 왕위에 올랐는데, 처음 나타났기 때문에 이름을 '수로(首露)' 혹은 '수릉(首陵)'이라고 했다. 나라 이름을 '대가락(大駕洛)'이라 하기도 하고 또 '가야국(伽倻國)'이라고도 하니 곧 여섯 가야 중 하나이다. 나머지 다섯 사람도 각각 돌아가 다섯 가야의 우두머리가 되었다.

(『삼국유사(三國遺事)』 권2 가락국기(駕洛國記))

※ 참고 : 내용과 형식면에서 이 작품과 유사한 것으로 〈해가(海歌)〉가 있다.

【관련설화】 다시 이틀을 가다가 또 임해정(臨海亭)에서 점심을 먹는데 바다의 용(龍)이 갑자기 부인(수로부인)을 납치해 바다 속으로 들어갔다. 공(순정공(純貞公))이 놀라 넘어지며 주저앉을 뿐 아무런 계책이 없었다. 또 한 노인이 고하기를 "옛 사람의 말에 여러 사람의 입은 쇠도 녹인다 했으니, 지금 바다 속의 생물인들 어찌 여러 사람의 입을 두려워하지 않겠습니까? 마땅히 경내(境內)의 백성들을 나오게 하여 노래를 지어 부르면서 막대기로 강 언덕을 두드리게 한다면 부인을 볼 수 있을 것입니다."라고 하였다. 공이 그대로 하였더니, 용이 부인을 받들고 바다에서 나와 공에게 바쳤다. 공이 부인에게 바다 속 일을 물으니 말하기를 "칠보궁전(七寶宮殿)에 음식은 달고 부드럽고 향기롭고 정갈하여, 인간 세상의 음식이 아니었습니다."라고 하였다. 부인의 옷에서 이상한 향내가 났는데 이 세상의 것이

---

6) 은나라 탕왕(湯王)의 다른 이름.
7) 요(堯) 임금을 말함.

아니었다. 수로부인은 용모가 **빼어나** 깊은 산이나 큰물을 지날 때마다 여러 번 신물(神物)에게 붙잡혀 갔다. 여러 사람들이 <해가>를 불렀는데, 그 가사는 다음과 같다. "거북아 거북아 수로를 내놓아라/남의 부인을 앗아간 죄 얼마나 큰가?/네 만일 거스리고 내어놓지 않는다면/그물을 놓아 잡아서 구워 먹으리라(龜乎龜乎出 水露 掠人婦女罪何極 汝若悖逆不出獻 入網捕掠燔之喫)"

(『삼국유사』 권2 수로부인(水路夫人))

(3) 공무도하가(公無渡河歌)

公無渡河	임이여 강을 건너지 마오
公竟渡河	임은 마침내 강을 건너는구료
墮河而死	물에 **빠져** 죽으니
當奈公何	이 내 임을 어이할꼬

　【관련설화】 공후인(箜篌引)은 조선(朝鮮)의 진졸(津卒) 곽리자고(霍里子高)의 아내 여옥(麗玉)이 지은 것이다. 자고(子高)가 새벽에 일어나 배를 저어서 가는데, 머리가 하얗게 센 미친 사람 하나가 머리를 풀고 병을 들고 물을 건너는 것이었다. 미친 사람의 아내가 쫓아오면서 소리쳐 말렸지만 이르지 못하여 마침내 물에 **빠져** 죽었다. 그러자 그 아내는 공후(箜篌)를 끌어 당겨 타면서 <공무도하가>를 지었는데, 그 소리가 매우 구슬펐다. 노래가 끝나자 그의 아내도 스스로 물에 몸을 던져 죽었다. 자고가 돌아와 아내 여옥에게 그 광경과 노래를 이야기해 주었다. 여옥이 슬퍼하며 곧 공후로 그 소리를 본받아 타니, 듣고 눈물을 흘리지 않는 사람이 없었다. 여옥은 그 소리를 이웃 여자 여용(麗容)에게 전하니, 이를 일컬어 <공후인(箜篌 引)>이라 하였다.

(최표(崔豹), 『고금주(古今注)』)

Ⅲ. 향 가

1. 『삼국유사』에 실린 향가

(1) 서동요(薯童謠)

　　善化公主主隱
　　他密只嫁良置古
　　薯童房乙
　　夜矣卯乙抱遣去如

　　善化公主니믄
　　늠그스지 얼어두고
　　맛둥바올
　　바믹 몰 안고가다　　　　　　　　　　　(양주동)[1]

　　善化公主니리믄
　　늠 그슥 어러 두고
　　薯童 방을
　　바매 알홀 안고 가다.　　　　　　　　　(김완진)[2]

【관련설화】 제30대 무왕[3]의 이름은 장(璋)이다. 그 어머니가 과부가 되어 서울

---

1) 양주동, 『증정 고가연구』(일조각, 1965)
2) 김완진, 『향가해독법연구』(서울대학교 출판부, 1980)
3) 원문에 '고본에는 무강이라고 했으나 이는 잘못된 것이다. 백제에는 무강이 없다'는

남쪽 못가에 집을 짓고 살았는데 못 속의 용과 교통하여 장을 낳았다. 어렸을 때
이름은 서동(薯童)이며, 재주와 도량을 헤아리기 어려웠다. 항상 마(薯)를 캐다가
파는 일을 생업으로 삼았으므로 사람들이 이름을 그렇게 부른 것이다. 신라 진평왕[4]
의 셋째 공주인 선화(善花)[5]가 매우 아름답다는 말을 듣고 머리를 깎고 서울로 가서
길거리의 아이들에게 마를 배불리 먹이니 아이들이 그와 친해져 그를 잘 따랐다.
이에 노래를 지어 아이들을 꾀어 그것을 부르게 했다. 이 동요가 서울에 가득 퍼져
궁궐에까지 이르자 여러 관료들이 극진히 간언하여 공주를 먼 곳에 귀양 보내게
했다. 공주가 장차 떠나려할 때 왕후가 순금 한 말을 여비로 주었다. 공주가 귀양지에
다다를 무렵, 서동이 도중에 나와 절을 하며 모시고 가고자 했다. 공주는 그가 어디에
서 왔는지 비록 알지는 못했지만 그냥 그를 믿고 좋아했다. 이로 인하여 수행하며
그와 은밀히 정을 통했다. 그런 뒤에 서동이란 이름을 알고 동요의 영험을 믿게
되었다. 함께 백제에 이르러 왕후가 준 금을 내놓고 생계를 모색하려 하는데, 서동이
크게 웃으며 "이게 무엇이오?" 라고 하자 공주가 "이것은 황금으로 가히 백 년의
부를 누릴 수 있습니다." 라고 하였다. 서동이 말하기를 "내가 어릴 때부터 마를
캐던 곳에 그런 것을 진흙더미처럼 쌓아 두었소."라고 하자 공주가 듣고 크게 놀라
말하기를 "이것은 천하의 지극한 보물입니다. 당신이 지금 금이 있는 곳을 알고
있다면 이 보물을 우리 부모님이 계신 궁궐로 보내는 것이 어떻겠습니까?"하니 서동
이 "좋소이다."라고 하였다. 이에 금을 모아 구릉처럼 쌓아 놓고, 용화산(龍華山)[6]
사자사(師子寺)[7]의 지명법사(知命法師)가 있는 곳으로 나아가 수송할 계책을 물으니
법사가 말하기를 "내가 신력(神力)으로 보낼 수 있으니 금을 가지고 오시오."라고
했다. 공주가 편지를 써서 금과 함께 사자사 앞에 가져다 놓으니 법사가 신력으로
하룻밤에 금을 신라 궁중에 가져다 놓았다. 진평왕이 그 신통력을 경이롭게 여겨
서동을 더욱 존경했으며, 항상 편지를 보내 안부를 물었다. 이로 인해 서동은 인심을
얻었고, 왕위에 올랐다. 하루는 무왕이 부인과 함께 사자사에 행차하는 길에 용화산

기록이 있다. 무왕의 재위 기간 : 600-641.
4) 재위 기간 : 579-632.
5) '善化'라는 기록도 있음.
6) 지금의 전북 익산군에 있는 미륵산(彌勒山).
7) 지금의 미륵산 사자암(師子庵).

아래 큰 연못가에 이르자 미륵삼존(彌勒三尊)이 연못 가운데에서 나타나므로 수레를 멈추고 경의를 표했다. 부인이 왕에게 말하기를 "모름지기 이곳에 큰 절을 짓는 것이 진실로 저의 소원입니다."라고 하자, 왕이 그것을 허락하였다. 지명법사에게 나아가 연못을 메울 일을 물으니 신력으로 하룻밤에 산을 허물고 연못을 메워 평지를 만들었다. 이에 미륵삼존상을 만들고 회전(會殿)과 탑(塔)과 낭무(廊廡)를 각각 세 곳에 세우고 절 이름을 미륵사(彌勒寺)[8]라고 했다. 진평왕이 여러 공인(工人)들을 보내서 그 역사를 도왔으며 지금도 그 절이 남아있다.

(『삼국유사(三國遺事)』 권2 무왕(武王))

(2) 혜성가(彗星歌)

舊理東尸汀叱
乾達婆矢游烏隱城叱肹良望良古
倭理叱軍置來叱多
烽燒邪隱邊也藪耶
三花矣岳音見賜烏尸聞古
月置八切爾數於將來尸波衣
道尸掃尸星利望良古
彗星也白反也人是有叱多
後句 達阿羅浮去伊叱等邪
此也友物比所音叱彗叱只有叱故

녜 싀ㅅ믌ㄱ
乾達婆이 노론 잣홀란 브라고
예ㅅ 軍두 옷다

---

8) 전북 익산군 용화산에 있던 절. 지금의 미륵산 사자암.

燧술얀 ㅈ이슈라
三花이 오롬보샤올 듣고
들두 ㅂ즈리 혀렬바애
길뜰 별 ㅂ라고
彗星여 슬븐여 사르미 잇다
아으 들 아래 뼈갯더라
이 어우 므슴ㅅ 彗ㅅ기 이실꼬　　　　　　　(양주동)

녀리 실 믌ㄱ
乾達婆이 노론 자슬랑 ㅂ라고,
여릿 軍도 왯다
홰 틱얀 어여 수프리야,
三花이 오롬 보시올 듣고
드라라도 ㄱ릇ㄱ싀 자자렬 바애,
길 뜰 벼리 ㅂ라고
彗星이여 슬바녀 사르미 잇다.
아야 드라라 뼈갯드야.
이예 버믈 므슴ㅅ 彗ㅅ 다므닛고.　　　　　(김완진)

【관련설화】제5 거열랑(居烈郎), 제6 실처랑(實處郎 : 일명 突處郎이라고도 함),
제7 보동랑(寶同郎) 등 세 화랑의 무리가 풍악(楓岳)9)에 유람을 가려고 하는데 혜성
(彗星)이 심대성(心大星)10)을 범했다. 낭도(郎徒)들이 이를 이상하게 여겨 여행을
그만두려고 했다. 이 때 융천사(融天師)11)가 노래를 지어 불렀더니 별의 변괴가
즉시 사라지고 일본 군사도 제 나라로 돌아가니 도리어 경사가 되었다. 대왕이

---

9) 금강산의 별칭. 봄에는 금강산(金剛山), 여름에는 봉래산(蓬萊山), 가을에는 풍악산
　　(楓岳山), 겨울에는 개골산(皆骨山)이라고 부름.
10) 28수(宿) 중 중심이 되는 별.
11) 신라 진평왕 때의 고승(579-631).

기뻐하여 낭도들을 보내어 풍악에서 놀게 했다.

(『삼국유사(三國遺事)』 권5 감통(感通) 제7 융천사(融天師)

혜성가(彗星歌) 진평왕대(眞平王代))

(3) 풍요(風謠)

來如來如來如
來如哀反多羅
哀反多矣徒良
功德修叱如良來如

오다 오다 오다
오다 셔럽다라
셔럽다 의내여
功德 닷ᄀ라 오다   (양주동)

오다 오다 오다.
오다 셜번 해라.
셜번 하니 물아.
功德 닷ᄀ라 오다.   (김완진)

【관련설화】중 양지(良志)는 그 조상이나 고향에 대해서는 자세히 알 수 없다. 오직 신라 선덕왕(善德王)[12] 때에 그 자취가 나타날 뿐이다. 석장(錫杖)[13] 끝에 포대 하나를 걸어 두면 그 지팡이가 저절로 시주(施主)하는 집으로 날아가 흔들며 소리를

---

12) 재위 기간 : 632-647.
13) 중의 지팡이. 도사(道士)가 짚는 지팡이, 선장(禪杖)이라고도 함.

내었다. 그 집에서 이를 알고 재(齋)에 쓸 비용을 여기에 넣었는데 포대가 가득 차면 다시 날아서 돌아왔다. 이 때문에 그가 거주한 곳을 석장사(錫杖寺)[14]라고 했다. 그의 행적의 신이(神異)함과 헤아릴 수 없음이 모두 이와 같았다. 게다가 여러 가지 기예에 능통하여 그 신묘함이 비길 데가 없었다. 또 필찰(筆札)[15]에도 능하여, 영묘사 (靈廟寺)의 장육삼존상(杖六三尊像)과 천왕상(天王像) 또 전탑(塼塔) 기와와, 천왕사 (天王寺)의 탑 아래 팔부신장(八部神將)[16]과 법림사(法林寺)[17]의 주불(主佛) 삼존(三 尊)과 좌우 금강신(金剛神)[18] 등은 모두 그가 만든 것이다. 영묘사와 법림사 두 절의 현판도 썼다. 또 일찍이 벽돌을 새겨 작은 탑 하나를 만들고 아울러 삼천불(三千佛)[19] 을 만들어 그 탑 절 안에 모셔 극진히 공경했다. 그가 영묘사의 장육상(杖六像)을 만들 때는 입정(入定)[20]하여 정수(正受)[21]하는 태도로 흙을 주물러서 만드니, 온 성 안의 남녀들이 다투어 진흙을 날라 주었다. 지금 시골 사람들이 방아를 찧거나 다른 일을 할 때 모두 이 노래를 부르는데, 대개 이때에 시작된 것이다. 장육상을 처음 만들 때 든 비용은 2만 3천 7백 석이었다. 논평해보면, "양지 스님은 가히 재주가 온전하고 덕이 충만했다. 그는 여러 방면의 대가였으나 하찮은 재주만 드러내고 자기 실력은 숨긴 사람이라고 할 것이다." 찬(讚)해 말한다. "재(齋) 끝난 법당 앞에 석장은 한가한데/향로를 손질하고 홀로 향불 피우네/남은 불경 다 읽고 다른 할 일 더 없으니/ 소상(부처님)의 둥근 얼굴 합장하고 바라보네(齋罷堂前錫杖閑 精裝爐 鴨自焚壇 殘經讀了無餘事 聊塑圓容合掌看)"

(『삼국유사』 권4 의해(義解) 제5 양지사석(良志使錫))

---

14) 경상북도 월성군에 있던 절.
15) 원뜻은 편지. 여기에서는 서화(書畵)나 조각(彫刻)을 의미함.
16) 불법(佛法)을 지키는 여덟 신장(神將).
17) 경주에 있던 절.
18) 금강역사(金剛力士), 인왕(仁王)이라고도 함. 여래(如來)의 온갖 비밀 사적을 알고, 500 야차신(夜叉神)을 시켜 불법(佛法)을 지킨다는 두 신(神). 흔히 모두 온 몸을 벗은 채 허리에 옷을 걸쳤으며, 용맹스러운 형상으로 절 문의 좌우 양쪽에 있음.
19) 3천의 부처, 즉 과거·현재·미래 3세의 3천불.
20) 선정(禪定)에 드는 것.
21) 삼매(三昧)의 경지. 마음을 바르고 맑게 하여 잡념에서 벗어나, 법심(法心)만이 있는 것.

(4) 원왕생가(願往生歌)

月下伊底亦
西方念丁去賜里遣
無量壽佛前乃
惱叱古音(鄕言云報言也)多可支白遣賜立
誓音深史隱尊衣希仰支
兩手集刀花乎白良
願往生願往生
慕人有如白遣賜立
阿耶 此身遺也置遣
四十八大願成遣賜去

들하 이뎨
西方ᄭᆞ장 가샤리고
無量壽佛前에
닏곰다가 ᄉᆞᆲ고샤셔
다딤 기프샨 尊어히 울워리
두손 모도호ᄉᆞᆲ바
願往生 願往生
그릴사룸 잇다 ᄉᆞᆲ고샤셔
아으 이몸 기텨 두고
四十八大願 일고샬까   (양주동)

ᄃᆞ라리 엇뎨역
西方ᄭᆞ장 가시리고.
無量壽佛前의

ㄱㅈ곰 함즉 숣고쇼셔.
다딤 기프신 ᄆᆞᄅᆞ옷 ᄇᆞ라 울워러,
두 손 모도 고조ᄉᆞᆲ바
願往生願往生
그리리 잇다 숣고쇼셔.
아야 이 모마 기텨 두고
四十八大願 일고실가.   (김완진)

【관련설화】문무왕22) 때 중 광덕(廣德)과 엄장(嚴壯)이라는 두 사문(沙門)이 있었는데, 두 사람은 사이가 좋아 밤낮으로 약속하기를 "먼저 안양(安養)23)으로 돌아가는 자는 모름지기 서로 알리도록 하자."고 했다. 광덕은 분황사(芬皇寺) 서리(西里)에 은거하며 신 삼는 것을 업으로 하여 처자를 데리고 살았다. 엄장은 남악(南岳)에 암자를 짓고 나무를 베어 불태우며 농사를 지었다.24) 어느 날 하루는 해 그림자가 붉은 빛을 띠고 소나무 그늘이 고요히 저물 무렵 창 밖에서 "나는 이제 서방으로 가니, 그대는 잘 살다가 속히 나를 따라오게."라는 소리가 들렸다. 엄장이 문을 밀치고 열고 나아가 바라보니 구름 밖에서 천악(天樂)소리가 들리고 밝은 빛이 땅에 뻗쳐 있었다. 이튿날 광덕이 사는 곳을 찾아가 보니 광덕이 과연 죽어 있었다. 이에 그의 아내와 함께 유해를 거두어 장사지냈다. 일을 마치자 엄장이 광덕의 부인에게 말하기를 "남편이 죽었으니 나와 함께 사는 것이 어떻겠소?" 하자 광덕의 아내도 좋다고 하여 그 집에 머물렀다. 밤에 자려고 하는데 정을 통하려고 하자 그 부인은 핀잔을 주며 말하기를 "스님께서 서방정토(西方淨土)를 구하는 것은 마치 나무에 올라가 물고기를 구하는 것과 같습니다."라고 했다. 엄장이 놀라고 괴이하게 여겨 묻기를 "광덕이 이미 그러했는데 나라고 해서 어찌 안되겠는가?" 하니 부인이 말하기를 "남편과 나는 10여 년을 함께 살았지만 일찍이

---

22) 재위 기간 : 661-680.
23) 아미타불(阿彌陀佛) 정토(淨土)의 서방 극락국.
24) 원문에 '대종도경(大種刀耕)'이라고 되어있으나 대종(大種)은 화종(火種)의 잘못임. '화종도경'은 숲의 나무를 베어 불태우고 재가 된 뒤에 씨를 뿌린다는 뜻.

하룻밤도 같은 침상에서 잔 적이 없는데, 하물며 몸을 더럽혔겠습니까? 다만 매일 밤마다 몸을 단정히 하고 바르게 앉아서 한결같은 목소리로 아미타불(阿彌陀佛)을 생각하며 부르고 혹은 16관(十六觀)25)을 지어 관(觀)26)이 이미 무르익고 밝은 달빛이 창으로 들어오면 때때로 그 빛을 타고 그 위에 가부좌(跏趺坐)를 하였습니다. 정성을 다하는 것이 이와 같았으니 비록 서방정토에 가지 않으려고 한들 어디로 가겠습니까? 대저 천리 길을 가는 사람은 그 첫걸음으로 알 수 있는 것이니 지금 스님을 보면 동쪽으로 갈 수는 있을지언정 서쪽으로는 알 수 없습니다."라고 하였다. 엄장이 부끄러워 얼굴을 붉히고 물러나와 곧 원효법사(元曉法師)의 처소로 나아가 진요(津要)27)를 간구하니 원효가 삽관법(鍤觀法)28)을 지어 그를 지도했다. 엄장은 이에 자기 몸을 깨끗이 하고 잘못을 뉘우쳐 스스로 꾸짖고 한마음으로 관을 닦아 그 또한 서방정토로 가게 되었다. 삽관법은 원효법사의 본전(本傳)과 『해동고승전(海東高僧傳)』 가운데 실려 있다. 그 부인은 바로 분황사의 계집종이니 대개 19응신(十九應身)29) 중 하나였다. 광덕에게는 일찍이 노래가 있었는데 그것이 <원왕생가>이다.

(『삼국유사』 권5 감통(感通) 제7 광덕엄장(廣德嚴壯))

(5) 모죽지랑가(慕竹旨郎歌)

去隱春皆理米
毛冬居叱沙哭屋尸以憂音
阿冬音乃叱好支賜烏隱

---

25) 중생이 죽어 극락세계로 가기 위해서 닦는 16가지 수도 방법. 묵상을 통한 참선의 일종.
26) '관(觀)'은 미혹(迷惑)을 깨치고 달관하는 것.
27) 왕생하는 중요한 방법.
28) 정관법(淨觀法)의 일종인 듯함. 정관법은 생각의 더러움을 없애고 깨끗한 몸으로 번뇌의 유혹을 끊는 가관(假觀)을 의미.
29) 중생을 교화하기 위해 나타나는 관음보살의 19가지 모습. 크게는 33가지로 나눔.

兒史年數就音墮支行齊
目煙廻於尸七史伊衣
逢烏支惡知作乎下是
郎也慕理尸心未 行乎尸道尸
蓬次叱巷中宿尸夜音有叱下是

간봄 그리매
모든것사 우리 시름
아름 나토샤온
즈싀 살쯈 디니져
눈 돌칠 ㅅ이예
맛보옵디 지오리
郎이여 그릴 ㅁㅚㅁㅣ 녀올길
다봊ㅁㅚ슬히 잘밤 이시리   (양주동)

간 봄 몯 오리매
모들 기스샤 우롤 이 시름.
ㅁ듬곳 ᄇᆞᆯ기시온
즈싀 히 혜나삼 헐니져.
누늬 도랄 업시 뎌옷
맛보기 엇디 일오아리.
郎이여 그릴 ㅁㅚㅁㅣ 즛 녀올 길
다보짓 굴헝히 잘 밤 이샤리.   (김완진)

【관련설화】 제32대 효소왕(孝昭王)[30] 때 죽만랑(竹曼郎)의 무리 가운데 득오
(得烏 : 得谷이라고도 함) 급간(級干)이 있었다. 풍류황권(風流黃券)[31]에 이름을 올

---

30) 재위 기간 : 692-702.
31) 화랑도(花郎徒)의 명부.

려 놓고 날마다 출근했는데 열흘이 넘도록 보이지 않았다. 죽만랑이 그의 어머니를
불러 "그대의 아들이 어디에 있습니까?" 하고 물으니, 어머니가 말하기를 "당전(幢
典)[32] 모량부(牟梁部)의 익선 아간(益宣阿干)이 내 아들을 부산성(富山城)의 창직(倉
直)으로 제수해 급히 가느라고 낭께 말씀드릴 겨를이 없었습니다."라고 하였다.
낭(郎)이 말하기를 "그대의 아들이 만일 사사로운 일로 그곳에 갔다면 구태여 찾아
볼 필요가 없지만 이제 공사(公事)로 갔으니 마땅히 찾아가서 대접해야겠습니다."
라고 하였다. 설병(舌餅) 한 합(一合)과 술 한 동이를 가지고 좌인(左人)[33]을 거느리
고 떠나니 낭의 무리 130명도 위의를 갖추어 따랐다. 부산성에 이르러 문지기에게
득오실(得烏失)이 어디에 있느냐고 물으니 그 사람이 말하기를 "지금 익선의 밭에
서 예(例)에 따라 부역을 하고 있습니다."라고 했다. 낭이 밭으로 가서 가지고 간
술과 떡을 대접하고 익선에게 휴가를 청하여 함께 돌아오고자 했으나, 익선이 굳이
금하고 허락하지 않았다. 때마침 사리(使吏) 간진(侃珍)이 추화군(推火郡)[34] 능절(能
節)의 조세 30석을 거두어 성 안으로 수송하다가 낭이 선비를 중히 여기는 풍미(風
味)를 아름답게 여기고 익선의 융통성 없음을 비루하게 여겨, 가지고 가던 조세
30석을 익선에게 주면서 청하는 것을 도왔으나 그래도 허락하지 않았다. 마침내
진절(珍節) 사지(舍知)[35]의 말과 안구(鞍具)를 주니 그제서야 허락했다. 조정(朝廷)
의 화주(花主)[36]가 그 말을 듣고 사신을 보내 익선을 잡아다가 그 더럽고 추한
것을 씻으려 하였는데, 익선이 도망해 숨었으므로 그의 장자(長子)를 잡아갔다.
때는 한겨울이었는데 몹시 추운 날 성 안 연못 가운데서 목욕을 시켰더니 이내
얼어 죽었다. 대왕이 그 말을 듣고는 명을 내려 모량리(牟梁里) 사람으로 벼슬에
종사하는 자는 모두 쫓아 보내고 다시는 공직에 나오지 못하게 했다. 검은 옷[37]을
입지 못하게 하고, 만일 중이 되었다 하더라도 종고(鐘鼓)가 있는 큰 절에는 들어가

---

32) 신라 군직(軍職)의 하나. 부대장(部隊長)에 해당함.
33) 원문에 '鄕云皆叱知 言奴僕也(우리말에 개질지라고 하니 이는 노복을 말한다)'는
    기록이 있음.
34) 지금의 경상남도 밀양군.
35) 신라 16관등의 제 13위.
36) 화랑의 무리를 관장하는 관직.
37) 승의(僧衣).

지 못하게 했다. 또 칙사(勅使)를 내려 간진(侃珍)의 자손을 평정호손(枰定戶孫)38)으로 삼고 특별히 표창했다. 이 때 원측법사(原測法師)39)는 해동(海東)의 고승이었으나 모량리 사람이었던 까닭에 승직(僧織)을 주지 않았다.

처음에 술종공(述宗公)40)이 삭주도독사(朔州都督使)41)가 되어 그의 임지로 가려 할 때, 마침 삼한(三韓)에 병란(兵亂)이 있어 기병(騎兵) 3천명이 호송하였다. 일행이 죽지령(竹旨嶺)에 이르렀을 때 한 거사(居士)가 그 고갯길을 평평하게 닦고 있었다. 공(公)이 그것을 보고 매우 탄복하고, 거사도 공의 위세가 혁혁함을 좋게 여겨 서로 마음에 감동한 바가 있었다. 공이 임소에 부임한 지 한 달이 되었을 때 꿈에 거사가 방 안에 들어오는 것을 보았는데 공의 아내도 같은 꿈을 꾸었으므로 더욱 놀랍고 괴이했다. 이튿날 사람을 시켜 그 거사의 안부를 물으니 사람들이 말하기를, "거사가 죽은 지 며칠이 되었습니다."라고 했다. 사자가 돌아와 고하는데 그가 죽은 날이 바로 꿈을 꾼 날과 같은 날이었다. 공이 말하기를, "아마 거사가 우리 집에 태어날 것 같다."고 하고 다시 군사를 보내어 고개 위 북쪽 봉우리에 장사지내고 돌로 미륵 한 구(軀)를 만들어 무덤 앞에 세워 놓았다. 공의 아내가 꿈을 꾼 날로부터 태기가 있어 아이를 낳으니, 이러한 인연으로 이름을 죽지(竹旨)라고 했다. 그 아이가 장성하여 벼슬길에 올라 유신공(庾信公)42)과 함께 부수(副帥)가 되어 삼한을 통일하고, 진덕(眞德)·태종(太宗)·문무(文武)·신문(神文)의 4대에 걸쳐 재상이 되어 나라를 안정시켰다. 처음에 득오곡(得烏谷)이 낭을 사모하여 노래를 지었다.

(『삼국유사』 권2 효소왕대(孝昭王代) 죽지랑(竹旨郞))

---

38) '평정호(枰定戶)'는 당나라 때 한 마을의 사무를 관장하는 호(戶)를 말함. '손(孫)'은 '장(長)'의 오기(誤記)인 듯함.
39) 이름은 문아(文雅)이며, 신라 때 중으로 왕족임. 당나라에 가서 불법을 배웠고, 한문과 범어(梵語)에 능통했음.
40) 진덕여왕 때 사람. 죽지랑의 아버지.
41) 지금의 영서지방을 관할하는 지방장관.
42) 김유신을 가리킴.

(6) 헌화가(獻花歌)

紫布岩乎邊希
執音乎手母牛放敎遣
吾肹不喩慚肹伊賜等
花肹折叱可獻乎理音如

딛배 바회 ᄀᆞ히
자ᄇᆞ온 손 암쇼 노히시고
나ᄒᆞᆯ 안디 붓ᄒᆞ리샤든
곶ᄒᆞᆯ 것가 받ᄌᆞ보리이다   (양주동)

지뵈 바회 ᄀᆞ새
자ᄇᆞ몬손 암쇼 노히시고,
나를 안디 붓그리샤든
고ᄌᆞᆯ 것거 바도림다.   (김완진)

【관련설화】 성덕왕(聖德王)[43) 때 순정공(純貞公)이 강릉[44) 태수로 부임하는 도중에 바닷가에서 점심을 먹었다. 곁에는 바위 봉우리가 있어 병풍이 바다를 둘러싼 것 같고 그 높이는 천 길이나 되며 그 위에는 철쭉꽃이 만발해 있었다. 공의 부인 수로(水路)가 그것을 보고 좌우에 이르기를 "꽃을 꺾어 바칠 사람은 누구일까?"라고 하였다. 종자(從者)가 말하기를 "저 곳은 사람의 발길이 이르지 못할 곳입니다."하고 모두 할 수 없다고 했다. 곁에 암소를 끌고 지나가던 한 노인이 있었는데, 부인의 말을 듣고 그 꽃을 꺾고 가사(歌詞)를 지어 부인에게 바쳤다. 그 노인이 어떤 사람인지는 알 수 없었다.

(『삼국유사』 권2 수로부인(水路夫人))

---

43) 재위 기간 : 702-737.
44) 지금의 명주(溟州).

(7) 원가(怨歌)

物叱好支栢史
秋察尸不冬爾屋支墮米
汝於多支行齊敎因隱
仰頓隱面矣改衣賜乎隱冬矣也
月羅理影支古理因淵之叱
行尸浪 阿叱沙矣以支如支
皃史沙叱望阿乃
世理都 之叱逸烏隱第也
後句亡

믈흿(몬히) 자시
ㄱ술 안들 이울이 디매
너 엇디(엇뎨) 니저 이신
울월던 눛이 겨샤온듸
들(둜) 그림제 녠(녯) 못앳
녈 믌결 애와치듯
즛아 브라나
누리도 아쳘온 뎨여   (양주동)

갓 됴히 자시
ㄱ술 안들곰 ᄆᆞ른디매.
너를 하니져 ᄒᆞ시ᄆᆞ론
울월던 ᄂᆞ치 가시시온 겨스레여.
ᄃᆞ라리 그르메 ᄂᆞ린 못ᄀᆞ
녈 믌겨랏 몰애로다.

즈싀삿 브라나
누리 모든갓 여희온듸여.   (김완진)

【관련설화】 효성왕(孝成王)[45]이 왕위에 오르기 전 어진 선비 신충(信忠)과 더
불어 궁정(宮庭)의 잣나무 아래에서 바둑을 두면서 일찍이 말하기를 "후일에 내가
만약 그대를 잊는다면 저 잣나무가 증거가 될 것이다."라고 하자, 신충이 일어나서
절했다. 몇 달 뒤에 효성왕이 왕위에 올라 공신들에게 상을 주면서 신충을 잊고
차례에 넣지 않았다. 신충이 원망하여 노래를 지어 잣나무에 붙이니 나무가 갑자기
누렇게 시들어 버렸다. 왕이 괴이하게 여겨 살펴보게 했더니, 노래를 얻어다 바쳤
다. 왕은 크게 놀라며 말하기를 "정무(政務)가 복잡하고 바빠서 하마터면 각궁(角
弓)[46]을 잊을 뻔했구나."라고 하였다. 이에 신충을 불러 벼슬을 내리니 그 잣나무가
다시 살아났다. 이리하여 효성왕, 경덕왕 양 대에 걸쳐 총애가 두터웠다. 경덕왕(景
德王)[47] 22년(763) 계묘(癸卯)에 신충은 두 친구와 서로 약속하고 벼슬을 버리고
남악(南嶽)[48]에 들어갔다. 두 번을 불렀으나 나오지 않고 머리를 깎고 중이 되어
왕을 위해 단속사(斷俗寺)[49]를 세우고 거기에 살았다. 몸을 마칠 때까지 구학(丘壑)
에서 보내면서 왕의 복을 빌기를 원했으므로 왕은 이를 허락했다. 왕의 진영(眞影)
을 모셔 두었는데, 금당 뒷벽에 있는 것이 바로 그것이다. 남쪽에 속휴(俗休)라는
마을이 있었는데, 지금은 와전되어 소화리(小花里)라고 한다.[50]

   별기(別記)에는 "경덕왕 때 직장(直長)[51] 이준(李俊)[52]이 일찍이 나이 50이 되면
반드시 출가하여 불사(佛寺)를 세우겠다고 했다. 천보(天寶) 7년[53] 무자년(戊子年)

45) 재위 기간 : 737-741.
46) 『시경(詩經)』 소아(小雅)의 편명(篇名). 여기서는 공신(功臣)의 뜻.
47) 효성왕의 아들. 재위 기간 : 741-764.
48) 지리산(智異山).
49) 경상남도 산청군 단성면 지리산 동쪽에 있던 절.
50) 원문에는 다음과 같은 기록이 있다. "『삼화상전(三和尙傳)』을 살펴보면 신충 봉성사
    (信忠奉聖寺)가 있는데 이것과 서로 혼동된다. 그러나 따져 보면 신문왕(神文王) 때
    는 경덕왕과 100여 년이나 차이가 나는데, 하물며 신문왕과 신충이 과거세의 인연이
    있다는 사실은 이 신충이 아님이 분명하다. 마땅히 자세히 살펴야 할 것이다."
    신문왕의 재위 기간 : 681-691.
51) 관직명.
52) 원문에 '『고승전』에는 이순(李純)이라고 하였다.'는 기록이 있음.

에 50세가 되자, 조연소사(槽淵小寺)를 만들고 이름을 단속사(斷俗寺)라 하고 자신
도 삭발하고 법명을 공굉장로(孔宏長老)라 하였다. 절에서 거주한 지 20년 만에
세상을 떠났다.”고 되어 있다. 이는 앞의 『삼국사(三國史)』에 실린 것과 같지 않으나
두 가지 설을 다 실어 의심을 덜고자 한다. 찬(讚)해 말한다. “공명(功名)은 다하지
않았는데 귀밑머리 먼저 세고/임금의 총애 비록 많으나 백년이 바쁘도다/언덕 저편
산이 꿈속에 자주 들어오니/가서 향화(香火) 피워 우리 임금의 복 빌려하네(功名未
已鬢先霜 君寵雖多百歲忙 隔岸有山頻入夢 逝將香火祝吾皇)”

(『삼국유사』 권5 피은(避隱) 제8 신충 괘관(信忠掛冠))

(8) 도솔가(兜率歌)

今日此矣散花唱良
巴寶白乎隱花良汝隱
直等隱心音矣命叱使以惡只
彌勒座主陪立羅良

오늘 이에 散花 블어
샛쓸본 고자 너는
고돈 ᄆᅀᆞᆷ이 命ㅅ 브리ᅌᅥᆸ디
彌勒座主 뫼셔롸   (양주동)

오늘 이에 散花 블러
보보슬본 고자 너는,
고돈 ᄆᅀᆞᆷ이 命ㅅ 브리이악
彌勒座主 모리셔 벌라.   (김완진)

---

53) 당나라 현종(玄宗)의 연호. 천보 7년은 신라 경덕왕 7년, 곧 748년.

【관련설화】 경덕왕(景德王) 19년(760) 경자년(更子年) 4월 초하루에 두 개의 해가 나란히 나타나 열흘 동안이나 없어지지 않았다. 일관(日官)[54]이 아뢰기를 인연이 있는 중을 청하여 산화공덕(散花功德)[55]을 지으면 물리칠 수 있을 것이라고 하였다. 이에 조원전(朝元殿)의 단(壇)을 정결히 하고 왕이 청양루(靑陽樓)에 행차하여 인연이 있는 중을 기다렸다. 이때 월명사(月明師)가 밭두둑 남쪽 길을 가고 있었다. 왕이 사람을 보내 그를 불러와 단을 열고 계문(啓文)을 짓게 하니 월명사가 아뢰기를 "신승(臣僧)은 다만 국선(國仙)의 무리에 속해 있기 때문에 향가(鄕歌)만 알 뿐 성범(聲梵)[56]은 서투릅니다."라고 하였다. 왕이 말하기를 "이미 인연이 있는 중으로 뽑혔으니 향가라도 괜찮다."하니 월명사가 이에 <도솔가>를 지어 바쳤다. 그 가사를 풀이하면 이렇다. "용루(龍樓)[57]에서 오늘 산화가(散花歌) 불러/청운(靑雲)에 한송이 꽃을 띄워 보내네/은근하고 정중한 곧은 마음이 부리는 것이니/멀리 도솔대선(兜率大僊)을 맞으라 (龍樓此日散花歌 挑送靑雲一片花 殷重直心之所使 遠邀兜率大僊家)"

지금 민간에서는 이것을 <산화가>라고 하지만 잘못된 것이다. 마땅히 <도솔가>라고 해야 할 것이다. <산화가>는 따로 있으나 그 글이 많아서 싣지 않는다. 이리하여 해의 변괴가 사라지자 왕이 기뻐하여 그에게 좋은 차 한 봉과 수정 염주 108개를 하사하자 홀연히 모양이 곱고 깨끗한 한 동자(童子)가 나타나 무릎을 꿇고 공손히 차와 염주를 받들고 궁전 서쪽의 작은 문으로 나갔다. 월명사는 동자를 내궁(內宮)의 사자(使者)로 알고, 왕은 월명사의 종자(從者)로 알았으나 서로 알아보니 모두 틀린 것이었다. 왕은 매우 이상히 여겨 사람을 보내어 쫓게 하니 동자는 내원(內院)의 탑 속으로 숨었고 차와 염주는 남쪽의 벽화(壁畵) 미륵상(彌勒像) 앞에 있었다. 월명사의 지극한 덕과 지극한 정성이 미륵보살을 밝게 감동시킴이 이와 같은 것을 알고, 조정이나 민간에서 들어서 모르는 이가 없었다. 왕이 더욱 공경하여 다시 비단 일백필을 주어 큰 정성을 표했다.

(『삼국유사』 권5 감통(感通) 제7 월명사(月明師) 도솔가(兜率歌))

---

54) 천문(天文)을 담당하는 관리.
55) 꽃을 뿌려 부처에게 공양하는 일.
56) 범가(梵歌). 범성(梵聲).
57) 대궐.

(9) 제망매가(祭亡妹歌)

生死路隱
此矣有阿米次肹伊遣
吾隱去內如辭叱都
毛如云遣去內尼叱古
於內秋察早隱風未
此矣彼矣浮良落尸葉如
一等隱枝良出古
去奴隱處毛冬乎丁
阿也 彌陁刹良逢乎吾
道修良待是古如

生死路는
예 이샤매 저히고
나는 가는다 말ㅅ도
몯다 닏고 가는닛고
어느 ㄱ술 이른 ㅂ로매
이에 뎌에 뻐딜 닙다이
ᄒ든 갖애 나고
가논 곧 모두온뎌
아으 彌陀刹애 맛보올 내
道 닷가 기드리고다   (양주동)

生死 길흔
이에 이샤매 머뭇그리고,
나는 가는다 말ㅅ도

몯다 니르고 가ᄂᆞ닛고.
어느 ᄀᆞᅀᆞᆯ 이른 ᄇᆞᄅᆞ매
이에 뎌에 ᄠᅥ러딜 닙곤,
ᄒᆞᄃᆞᆫ 가지라 나고
가논 곧 모ᄃᆞ론뎌.
아야 彌陀刹아 맛보올 나
道 닷가 기드리고다.   (김완진)

【관련설화】월명사는 또 일찍이 죽은 누이동생을 위하여 재(齋)를 올렸는데, 향가를 지어 제사를 지내니 홀연히 회오리바람이 일어나 지전(紙錢)을 불어 서쪽으로 날려 없어지게 했다.

월명사는 항상 사천왕사(四天王寺)에 거처하였는데 피리를 잘 불었다. 일찍이 달밤에 피리를 불면서 문 앞 큰길을 지나가는데, 달이 그를 위해 가지 않고 멈춰 있었다. 이로 인하여 그 길을 월명리(月明里)라고 했다. '월명사'도 이로 인해 그 이름을 지었다. 월명사는 곧 능준대사(能俊大師)의 문인(門人)이다. 신라 사람들도 일찍이 향가를 숭상한 자가 많았으니 대개 시(詩)·송(頌) 같은 것이다. 그러므로 이따금 천지 귀신을 감동시킨 적이 한두 번이 아니었다. 찬(讚)해 말한다. "바람은 지전을 날려 죽은 누이동생에게 노자로 주고/피리는 밝은 달을 일깨워 항아(姮娥)[58] 를 멈추게 하네/도솔천이 하늘처럼 멀다고 말하지 말라/<만덕화(萬德花)>[59] 한 곡조로 즐겨 맞이하겠네(風送飛錢資逝妹 笛搖明月住姮娥 莫言兜率連天遠 萬德花迎一曲歌)"

(『삼국유사』 권5 감통(感通) 제7 월명사(月明師) 도솔가(兜率歌))

---

58) 달 속에 있다는 선녀(仙女). 여기서는 달을 가리킴.
59) 부처의 덕을 꽃으로 비유하여 칭송하는 노래.

(10) 안민가(安民歌)

君隱父也
臣隱愛賜尸母史也
民焉狂尸恨阿孩古
爲賜尸知民是愛尸知古如
窟理叱大肹生以支所音物生
此肹喰惡支治良羅
此地肹捨遣只於冬是去於丁
爲尸知國惡支持以支知右如
後句 君如臣多支民隱如
爲內尸等焉國惡太平恨音叱如

君은 어비여
臣은 ᄃᆞᅀᆞ샬 어싀여
民은 얼혼 아히고 ᄒᆞ샬디
民이 ᄃᆞᆯ 알고다
구믌ㅅ다히 살손 물생
이흘 머기 다ᄉᆞ라
이 ᄯᅡᇂ 바리곡 어듸 갈뎌 홀디
나라악 디니디 알고다
아으 君다이 臣다이 民다이 ᄒᆞᄂᆞᆯᄃᆞᆫ
나라악 太平ᄒᆞ니ㅅ다.   (양주동)

君은 아비여
臣은 ᄃᆞᅀᆞ실 어싀여
民은 어릴혼 아히고

ㅎ실디 民이 드솔 알고다.
구릿하늘 살이기 바라믈씨
이를 치악 다스릴러라.
이 싸홀 ㅂ리곡 어드리 가늘뎌
홀디 나락 디니기 알고다.
아야 君다 臣다히 民다
ㅎ늘둔 나락 太平ㅎ놉싸.   (김완진)

【관련설화】경덕왕(景德王)이 나라를 다스린 지 24년에 오악(五岳)[60]과 삼산(三山)[61]의 신(神)들이 때때로 나타나 대궐 뜰에서 왕을 모셨다. 3월 3일 왕이 귀정문(歸正門) 누각 위에 나와서 앉아 좌우 신하들에게 일러 말하기를 "누가 길거리에서 위의(威儀)있는 중 한 명을 데려올 수 있겠느냐?"라고 하였다. 이 때 마침 위의있고 깨끗한 고승 하나가 길에서 이리저리 배회하고 있었다. 좌우 신하들이 이를 보고 왕에게 데리고 오니 왕이 말하기를 "내가 말하는 위의있는 중이 아니다."라고 하고 그를 돌려보냈다. 다시 중 한 사람이 있는데 납의(衲衣)[62]를 입고 앵통(櫻筒)[63]을 지고 남쪽에서 오고 있었다. 왕이 그를 보고 기뻐하여 누(樓) 위로 맞아들였다. 통 속을 보니 다구(茶具)가 들어 있었다. 왕이 "그대는 대체 누구인가?"하니 중이 "소승(小僧)은 충담(忠談)이라고 합니다."라고 대답했다. 왕이 또 "어디서 오는 길이오?"라고 물으니, "소승은 매년 3월 3일과 9월 9일에는 차를 달여서 남산(南山) 삼화령(三花嶺)의 미륵세존(彌勒世尊)[64]께 드리는데, 지금도 드리고 돌아오는 길입니다."라고 대답했다. 왕이 "나에게도 그 차 한 잔을 나누어 주겠는가?"라고 하자, 중이 이내 차를 달여 바치니, 차의 맛이 이상하고 찻잔 속에서는 이상한 향기가 풍겼다.

---

60) 다섯 산. 즉 동악(東岳 : 토함산), 남악(南岳 : 지리산), 서악(西岳 : 계룡산), 북악(北岳 : 태백산), 중악(中岳 : 대구).
61) 내력(奈歷 : 지금의 경주), 골화(骨火 : 지금의 영천), 혈례(穴禮 : 지금의 청도(淸道)).
62) 승의(僧衣). 여기서는 허름한 누비옷을 뜻함.
63) 혹은 삼태기를 등에 졌다고 함.
64) 이름은 아일다(阿逸多). 미래불(未來佛)로서 사바(娑婆) 세계의 모든 중생을 제도(濟度)한다고 함.

왕이 다시 말했다. "내가 일찍이 들으니 스님이 기파랑을 찬한 사뇌가가 그 뜻이 매우 높다고 하던데 과연 그렇습니까?"하자 충담이 "그렇습니다."라고 대답했다. "그렇다면 나를 위하여 백성을 편히 다스리는 노래를 지어 주시오."라고 부탁하니, 충담은 왕의 명령을 받들어 노래를 지어 바쳤다. 왕이 이를 아름답게 여겨 그를 왕사(王師)[65]로 봉했으나 충담은 두 번 절하고 굳이 사양하여 받지 않았다.

　　(『삼국유사』 권2 경덕왕(景德王) 충담사(忠談師) 표훈대덕(表訓大德))

(11) 찬기파랑가(讚耆婆郎歌)[66]

咽鳴爾處米
露曉邪隱月羅理
白雲音逐于浮去隱安支下
沙是八陵隱汀理也中
耆郎矣兒史是史藪邪
逸烏川理叱磧惡希
郎也持以支如賜烏隱
心未際叱肹逐內良齊
阿耶 栢史叱枝次高支好
雪是毛冬乃乎尸花判也

열치매
나토얀 드리
힌 구룸 조초 떠가는 안디하
새파른 나리여히

耆郎이 즈싀 이슈라
일로 나릿 지벽히
郎이 디니다샤온
ᄆᆞ슨믹 궃홀 좇누아져
아으 잣ㅅ가지 놉허
서리 몯누올 花判이여   (양주동)

늣겨곰 ᄇᆞ라매
이슬 불간 ᄃᆞ라리
힌 구룸 조초 ᄯᅥ간 언저례
몰이 가른 믈서리여히
耆郎이 즈싀올시 수프리야.
逸烏나릿 지벽긔
郎이여 디니더시온
ᄆᆞ슨믹 ᄀᆞ술 좇ᄂᆞ라져
아야 자싯 가지 노포
누니 모들 두플 곳가리여   (김완진)

(12) 도쳔수대비가(禱千手大悲歌)

膝肣古召於
二尸掌音毛乎支內良
千手觀音叱前良中
祈以支白屋尸置內乎多
千隱手□叱千隱目肣67)

---

67) □는 탈자(脫字)임.

一等下叱放一等肹除惡支
二于萬隱吾羅
一等沙隱賜以古只內乎叱等邪
阿邪也 吾良遣知支賜尸等焉
放冬矣用屋尸慈悲也根古

무루플 고조며
둘숟바당 모호누아
千手觀音ㅅ 前아히
비술볼 두누오다
즈믄손ㅅ 즈믄 눈믈
ᄒᆞ든흘 노ᄒᆞ ᄒᆞ든흘 더읍디
둘 업는 내라
ᄒᆞ든사 그ᅀᅵ 고티누옷다라
아으 나애 기티샬든
노틱 뿔 慈悲여 큰고   (양주동)

무루플 ᄂᆞ초며
두볼 손ᄇᆞ름 모도ᄂᆞ라,
千手觀音 알파히
비술볼 두ᄂᆞ오다.
즈믄소낫 즈믄 누늘
ᄒᆞ든핫 노하 ᄒᆞᄃᆞ늘 더럭
두볼 ᄀᆞ만 내라
ᄒᆞ든사 숨기주쇼셔 ᄂᆞ리ᄂᆞ옷ᄃᆞ야.
아야여 나라고 아ᄅᆞ실든
어드레 쓰올 慈悲여 큰고   (김완진)

【관련설화】경덕왕 때 한기리(漢岐里)에 사는 여자 희명(希明)의 아이가 태어나 다섯 살 되던 해에 갑자기 눈이 멀었다. 하루는 어머니가 아이를 안고 분황사(芬皇寺) 좌전(左殿) 북쪽 벽에 그린 천수대비(千手大悲) 앞에 나아가 아이로 하여금 노래를 지어 빌게 하였더니, 드디어 광명을 얻었다. 이 노래가 <도천수대비가>이다. 찬(讚)해 말한다. "죽마(竹馬)와 총생(葱笙)[68]으로 맥진(陌塵)[69]에서 뛰놀더니/하루아침에 두 눈이 멀어버렸네/대사(大師)가 자비로운 눈을 돌리지 않았다면/몇 사춘(社春)[70]이나 버들꽃 못 보고 지냈을까(竹馬葱笙戲陌塵 一朝雙碧失瞳人 不因大士廻慈眼 盧度楊花幾社春)"

(『삼국유사』 권3 탑상(塔像) 제4 분황사(芬皇寺) 천수대비(千手大悲)

맹아득안(盲兒得眼))

(13) 우적가(遇賊歌)

自矣心米
皃史毛達只將來呑隱
日遠鳥逸□□過出知遺
今呑藪未去遺省如
但非乎隱焉破□主
次弗□史內於都還於尸朗也
此兵物叱沙過乎
好尸曰沙也內乎呑尼
阿耶 唯只伊吾音之叱恨隱善陵隱

---

68) 파로 만든 호드기.
69) 항간(巷間). 시장 거리.
70) 춘사(春社). 입춘(立春) 후 다섯 번째의 무일(戊日).

安支尙宅都乎隱以多
제 무스매
즘 모두럇단 날
머리 □□ 디나치고
엳쫀 수메 가고쇼다
오직 외온 破戒主
저플 즈△\ 누외 쏘 돌려
이 잠ᄀᅀᅡ 디내온
됴홀 날 새누오싸니
아으 오지 이오맛흔 善은
안디 새집 ᄃ외니이다   (양주동)

제의 무슨미
즈싀 모돌 보려든,
日遠鳥逸 ᄃ라리 난 알고
엳든 수플 가고셩다.
다문 외오는 破家니림
머믈오시ᄂ놀 도도랄랑여
이 자븐가시아 말오
즐길 法이사 듣ᄂ오다니,
아야 오직 뎌오밋흔 물른
안즉 틱도 업스니다   (김완진)

【관련설화】 중 영재(永才)는 성품이 익살스럽고 재물에 얽매이지 않았으며
향가를 잘했다. 만년에 남악(南岳)에 은거하려고 대현령(大峴嶺)에 이르렀을 때
도적 60여 명을 만났다. 도적들이 그를 해하려 했으나 그는 칼날 앞에서도 두려워
하는 기색 없이 화기롭게 대했다. 도적들이 이상히 여겨 그 이름을 물으니 영재라
고 대답했다. 도적들이 평소에 그 이름을 들었으므로 이에 노래를 짓게 했다. 이

노래가 <우적가>이다. 도적들이 그 뜻에 감동하여 비단 두 필을 주니, 영재는
웃으면서 먼저 사양하며 말하기를 "재물이 지옥에 가는 근본임을 알고 장차 깊은
산중으로 도피하여 일생을 보내려 하는데 어찌 감히 이것을 받겠는가."하고 비단
을 땅에 던졌다. 도적들이 또 그 말에 감동하여 모두 가지고 있던 칼과 창을 버리고
머리 깎고 영재의 제자가 되어 함께 지리산에 숨어 다시는 세상에 나오지 않았다.
영재의 나이 거의 아흔 살이었으니 원성대왕(元聖大王)[71]의 시대였다. 찬(讚)해
말한다. "지팡이 짚고 산으로 돌아가니 뜻이 한결 더 깊은데/비단과 구슬인들 어찌
마음을 다스리랴/녹림(綠林)의 군자[72]들아 그런 선물 주지마오/지옥은 다름 아닌
촌금(寸金)이 근본이라(策杖歸山意轉心 綺紈珠玉豈治心 綠林君子休相贈 地獄無
根只寸金)"

(『삼국유사』권5 피은(避隱) 제8 영재 우적(永才遇賊))

(14) 처용가(處容歌)

東京明期月良
夜入伊遊行如可
入良沙寢矣見昆
脚烏伊四是良羅
二肹兮隱吾下於叱古
二肹兮隱誰支下焉古
本矣吾下是如馬於隱
奪叱良乙何如爲理古

식불 불긔 드래

---

71) 재위 기간 : 785-798.
72) 화적(火賊)의 무리를 가리킴.

밤드리 노니다가
드러아 자리 보곤
가로리 네히어라
둘흔 내해 엇고
둘흔 뉘해 언고
본딕 내해 다마룬
앗아늘 엇디ᄒ릿고   (양주동)

東京 볼기 ᄃ라라
밤 드리 노니다가
드러아 자리 보곤
가로리 네히러라.
두브른 내해엇고
두브른 누기핸고.
본딕 내해다마룬는
아아늘 엇디ᄒ릿고.   (김완진)

【관련설화】 제49대 헌강대왕(憲康大王)[73] 때에는 서울로부터 지방에 이르기까지 집이 즐비하고, 담장이 연(連)하여 있었지만 초가는 한 채도 없었다. 길거리에는 악기와 노래 소리가 끊이지 않았고, 바람과 비는 사철에 순조로웠다. 이 때 대왕이 개운포(開雲浦)[74]에서 놀다가 돌아가려고 낮에 물가에서 쉬고 있는데, 갑자기 구름과 안개가 자욱하여 길을 잃었다. 괴이하게 여겨 좌우 신하들에게 물으니 일관(日官)이 아뢰기를 "이것은 동해(東海) 용(龍)의 조화입니다. 마땅히 좋은 일을 행하여 풀어야 할 것입니다."라고 하였다. 이에 유사(有司)에게 명을 내려 용을 위하여 근처에 절을 짓게 했다. 왕이 명령을 내리자 구름이 걷히고 안개가 흩어졌다. 이리하여 그 곳 이름을 개운포라고 했다. 동해의 용이 기뻐하여 아들 일곱을

---

73) 재위 기간 : 875-886.
74) 학성(鶴城) 서남쪽에 있으니 지금의 울주(蔚州)임.

거느리고 왕의 수레 앞에 나타나 덕(德)을 찬양하여 춤을 추고 음악을 연주했다. 그 중 한 아들이 왕을 따라 서울로 들어와서 왕의 정사(政事)를 도우니, 그의 이름을 처용(處容)이라 했다. 왕은 아름다운 여자로 아내를 삼게 해서 그의 뜻을 잡아두려 했고, 급간(級干)이라는 관직까지 주었다. 처용의 아내가 무척 아름다웠기 때문에, 역신(疫神)이 흠모하여 사람으로 변하여 밤에 그 집에 가서 몰래 동침했다. 처용이 밖에서 집에 돌아와 잠자리에 두 사람이 누워 있는 것을 보고, 이에 노래를 부르고 춤을 추면서 물러나왔다. 이 때 부른 노래가 <처용가>이다. 그 때 역신이 모습을 나타내어 처용 앞에 무릎을 꿇고는 "제가 그대의 아내를 탐내어 지금 잘못을 저질 렀으나, 그대가 노여워하지 않으니 감동하여 아름답게 여기는 바입니다. 맹세코 지금 이후로는 그대의 형상을 그려 놓은 것만 보아도 그 문 안에 들어가지 않겠습니 다."라고 하였다. 이 일로 인하여 나라 사람들은 처용의 형상을 문에다 붙여 사악한 것은 물리치고 경사스러운 일은 맞아들이게 되었다. 왕은 서울로 돌아오자 이내 영취산(靈鷲山)75) 동쪽 기슭의 경치 좋은 곳을 가려 절을 세우고 이름을 망해사(望 海寺)76)라고 했다. 혹은 신방사(新房寺)라 하였는데, 이것은 용을 위해 세운 것이다.

(『삼국유사』 권2 기이(紀異) 제2 처용랑(處容郎) 망해사(望海寺))

---

75) 지금의 경남 울산에 있는 산.
76) 경남 울주군 청량면 율리 문수산에 있던 절.

2. 『균여전』에 실린 향가

(1) 예경제불가(禮敬諸佛歌)[77]

心未筆留
慕呂白乎隱佛體前衣
拜內乎隱身萬隱
法界毛叱所只至去良
塵塵馬洛佛體叱刹亦
刹刹每如邀里白乎隱
法界滿賜隱佛體
九世盡良禮爲白齋
歎曰 身語意業无疲厭
此良夫作沙毛叱等耶

ᄆᅀᆞᆷ 부드루
그리슬본 부텨前에
저 누온 모ᄆᆞᆫ
法界ᄆᆞᆺ드록 니르가라
塵塵마락 부텨ㅅ刹이
刹刹마다 뫼시리슬본
法界 ᄎᆞ샨 부텨
九世[78] 다아 禮ᄒᆞᇝ져

---

77) <보현십원가(普賢十願歌)>는 균여대사가 보현보살이 선재동자에게 연설한 열 가
   지 행원(行願)에 의거하여 11수의 노래를 지은 것. '십(十)'은 원만(圓滿)을 표시하고,
   열 가지로 든 것은 발원의 무진(無盡)함을 표시하기 위한 것임. 혁련정이 지은『균여
   전』의 '제7 가행화세분자(歌行化世分者)」에 수록되어 있음.
78) 구세(九世)란 과거·현재·미래의 3세와 각각의 시간 속에 있는 과거·현재·미래

아으 身語意業无疲厭
이에 브즐 수뭇다라   (양주동)

모수미 부드로
그리슬본 부텨 알픽
저느온 모마는
法界 업드록 니르거라.
塵塵마락 부텻 刹이역
刹刹마다 모리슬본
法界 추신 부텨
九世 다오라 절호숩져.
아야, 身語意業无疲厭
이렁 모른 지사못드야.   (김완진)

禮敬諸佛頌[79)]

以心爲筆畵空王	마음으로 붓을 삼아 부처님을 그리오며
瞻拜唯應遍十方	우러러 절하오니 두루 시방 세계에 비춰오시라!
一一塵塵諸佛國	한 티끌, 티끌마다 부처님의 나라 뵈이고,
重重刹刹衆尊堂	절마다 온갖 부처님 뵈시옵니다.
見聞自覺多生遠	보고 들을수록 부처로부터 멀어진 다생(多生)[80)]의 나를 만나오니

를 말함.

79) 최행귀(崔行歸)가 한시로 번역한 한역시이며, 『균여전』의 「제8 역가현덕분자(譯歌現德分者)」에 전한다. 이하 한역시의 번역은 최철·안대회 역주, 『역주 균여전』(새문사, 1986)을 대부분 그대로 따랐음.

80) 과거·현재·미래의 삶.

禮敬寧辭活劫長　　영겁(永劫)의 긴 시간일망정 어찌 예경(禮敬)하지
　　　　　　　　　아니하리까?
身體語言兼意業　　몸과 말과 그리고 생각의 삼업(三業)을
總無疲厭此爲常　　싫은 생각 하나 없이 닦으오리다.

(2) 칭찬여래가(稱讚如來歌)

今日部伊冬衣
南無佛也白孫舌良衣
無盡辯才叱海等
一念惡中涌出去良
塵塵虛物叱邀呂白乎隱
功德叱身乙對爲白惡只
際于萬隱德海肹
間王冬留讚伊白制
隔句　必只一毛叱德置
毛等盡良白手隱乃兮

오늘 주비ㄷ릭
南无佛이여 슬론손 혀아이
無塵辯才人81) 바들
一念악히 솟나거라
塵塵虛物人 뫼시리슬론
功德人身을 對ㅎ쉽디

---

81) 변재(辯才)란 교묘하게 법(法)과 뜻을 설명하는 능력을 말함.

ㄱ업는 德바들홀
西王들루 기리숣져
아으 비록 一毛ㅅ德두
몯들 다아 슬뵤뇌   (양주동)

오늘 주비들히
南无佛이여 술볼손 혀라히
無盡辯才ㅅ 바들
一念악히 솟나거라.
塵塵虛物ㅅ 모리슬본
功德ㅅ身을 대흐 슬박
ㄱ 가만 德海롤
醫王들로 기리숣져.
아야, 반득 一毛ㅅ 德도
모들 다ᄋ라 슬본 너여.   (김완진)

稱讚如來頌

遍於佛界罄丹衷　　부처님의 나라 가득하도록 온 정성을 다하여
一唱南無讚梵雄　　한결같이 '나무'를 외치며 부처님을 찬송합니다.
辯海庶生三寸抄　　변론(辯論)의 바다, 세 치 혀끝에서 끝없이 펼쳐지고
言泉希涌兩唇中　　말의 샘, 두 입술 사이에서 기쁘게 용솟음칩니다.
稱揚覺帝塵沙化　　깨달음의 왕이여! 티끌세계 교화시킨 것 칭송하옵고,
頌詠醫王刹土風　　마음의 구원주여! 시방국토 감화시킨 것 송영하
　　　　　　　　　　옵니다.

縱未談窮一毛德　　끝내 한 터럭만큼의 덕도 마저 말하지 못한다 해도
此心直待盡虛空　　이 마음은 오직 허공계 끝까지 다하기를 원하옵니다.

(3) 광수공양가(廣修供養歌)

火條執音馬
佛前燈乙直體良焉多衣
燈炷隱須彌也
燈油隱大海逸留去耶
手焉法界毛叱色只爲於
手良每如法叱供乙留
法界滿賜仁佛體
佛佛周物叱供爲白制
阿耶　法供沙叱多奈
伊於衣波最勝供也

브져 자부며
佛前燈을 고티란듸
燈炷는 須彌여
燈油는 大海 이루가라
소는 法界뭇도록 ᄒ며
소내마다 法入供ᄋ루
法界 ᄎ산 부텨
佛佛 ᄃ믓 供ᄒ숩져
아으 法供사 하나
이 어의바 最勝供이여　　　　　　　　　　　（양주동）

블 줄 자부마
佛前燈을 고티란듸
燈炷는 須彌여

燈油는 大海 이루거야.
香은 法界 업두록 ㅎ며
香아마다 法ㅅ供으로
法界 ᄎ신 부텨
佛佛 온갓 供 ㅎ숩져.
아야, 佛供삿 하나
뎌를 니버 最勝供이여.   (김완진)

廣修供養頌

至誠明照佛前燈   지성으로 부처님 전 등불을 밝히오니
願此香籠法界興   이 향연(香煙)이 법계(法界)서도 피어오르기
　　　　　　　　　　원하옵니다.
香似妙峯雲靉雲帶   향은 오묘한 산봉우리에 구름이 피어오르듯 하고,
　　　　　　　　　　기름은 큰 바다에 물결이 출렁일 듯합니다.
油如大海水洪澄   중생을 건지고 그 괴로움 대신할수록 이 마음
攝生代苦心常切   은 매양 간절해지고,
利物修行力漸增   만물을 이롭게 하고 수행을 닦을수록 나의 힘
　　　　　　　　　　은 점점 불어갑니다.
餘供取齊斯法供   나머지 공양이 요 법공양(法供養)에 맞서려 하나
直饒千萬總難勝   천만 가지 다 대어도 이길 것은 없으리이다.

(4) 참회업장가(懺悔業障歌)

顚倒逸耶
菩提向焉道乙迷波

造將來臥乎隱惡寸隱
法界餘音玉只出隱伊音叱如支
惡寸習落臥乎隱三業
淨戒叱主留卜以支乃遣只
今日部頓部叱懺悔
十方叱佛體閼遣只賜立
落句 衆生界盡我懺盡
來際永良造物捨齊

顚倒 이라
菩提 아온 기를 이바
지슬누온 모디는
法界 나목 나니잇다
모딘 비홋 디누온 三業
淨戒ㅅ님을 디어내고
오늘늘 頓ㅅ懺悔
十方ㅅ부텨 알곡샤셔
아으 衆生界盡我懺盡
來際 기리 造物捨져   (양주동)

顚倒 여희야
菩提 아온 길흘 이바
지스려누온 머즈는
法界 나목 나님짜
머즌 비홋 디누온 三業
淨戒ㅅ主로 디니ᄂ곡
오늘 주비 ᄇᆞᆺ 懺悔

十方ㅅ 부텨 마기쇼셔.
아야 衆生界盡我懺盡
來際 오랑 造物 ㅂ리져.   (김완진)

懺悔業障頌

自從無始劫初中   무시겁(無始劫)[82] 과거로부터
三毒成來罪幾重   세 가지 독(毒)[83]을 지어오니 그 죄가 얼마나
                  무거울 건가?
若此惡綠元有相   이 악업의 인연에 본디 체상(體相)이 있다 하면
盡諸空界不能容   나를 받아들일 허공계는 하나도 없으리.
思量業障堪惆悵   업보를 생각하니 슬프온대
馨竭丹誠豈惰慵   온 정성 다할 뿐 어찌 태만하리오.
今願懺除持淨戒   이제 참회하노니 정계(淨界)를 지켜
永離塵染似靑松   푸른 솔처럼 영원히 티끌세상 떠나려 하네.

(5) 수희공덕가(隨喜功德歌)

迷悟同體叱
緣起叱理良尋只見根
佛伊衆生毛叱所只
吾衣身不喻仁人音有叱下呂
修叱賜乙隱頓部叱吾衣修叱孫丁
得賜伊馬落人米無叱昆
於內人衣善陵等沙

82) 그 시초를 알 수 없는 아득한 과거의 시간.
83) 三毒 : 탐욕·진에(瞋恚)·우치(愚癡)의 세 가지 번뇌.

不冬喜好尸置乎理叱過
後句 伊羅擬可行等
嫉妬叱心音至刀來去

迷悟同體人84)
緣起人理ㄹ 차지보곤
부톗 衆生 뭇드록
내 몸 안딘 눔 이시리
닷ㄱ샤른 頓部ㅅ대 닷글손뎡
어드샤리마락 느미 업곤
어느 人의 善들사
안들 깃흘 두오릿고
아으 이라 비겨 녀든
嫉妬ㅅ 무슴 닐도울가   (양주동)

迷悟同體人
緣起人理라 차작 보곤
부텨뎌 衆生 업드록
내이 모마 안딘 사름 이샤리.
닷ㄱ시른 부륵븟 내이 닷글손뎌.
어드시리마락 사르미 업곤
어느 사르미 무륵들사
안들 깃글 두오릿과.
아야, 뎌라 비겨 녀든
嫉妬ㅅ 무슴 니를올가.   (김완진)

---

84) 미망(迷妄)과 개오(開悟)는 상(相)은 달라도 그 실체는 같다는 뜻.

隨喜功德頌

聖凡眞妄莫相分　　성(聖)이니 범(凡)이니 진(眞)이니 망(妄)이니
　　　　　　　　　　나누지 말라.
同體元來普法門　　그 실체는 같아서 원래 큰 진리의 안에 포섭됩니다.
生外本無餘佛義　　삶을 제치고야 부처님의 뜻은 어디에도 없으니
我邊寧有別人論　　내게 남과 다르다 할 무엇이 있겠습니까?
三明積集多功德　　세 통찰력[85]을 쌓으매 공덕은 늘어가나
六趣修成少善根　　여섯 세계[86]가 닦은 대로 이루어지매 선근(善
　　　　　　　　　　根)은 줄어갑니다.
他造盡皆爲自造　　남의 이룸이 모두 나의 이룸입니다.
總堪隨喜總堪尊　　모두 다 따르고 기뻐하며, 모두 다 존경을 바쳐
　　　　　　　　　　야 할 것이옵니다.

(6) 청전법륜가(請轉法輪歌)

彼仍反隱
法界惡之叱佛會阿希
吾焉頓叱進良只
法雨乙乞白乎叱等耶
無明土深以埋多
煩惱熱留煎將來出米
善芽毛冬長乙隱
衆生叱田乙潤只沙音也

---

85) 三明 : 아라한(阿羅漢)의 덕성(德性), 신통력(神通力).
86) 六趣 : 六道와 같음. 자기가 지은 선악의 업보에 따라 가게 되는 여섯 단계의 세계.
　　지옥(地獄)·축생(畜生)·아귀(餓鬼)·아수라(阿修羅)·인(人)·천(天).

後言 菩提叱菓音烏乙反隱
覺月明斤秋察羅波處也

뎌 너븐
法界악잇 佛會아히
나ᄂ 쏘 나삭
法雨를 비슬봇다라
無明土87) 기피 무다
煩惱熱루 다려내매
善芽 몬돌 길은
衆生ㅅ 田을 저지샴여
아으 菩提ㅅ 여름 오올ᄫ
覺月블근 ᄀ술 바티여   (양주동)

뎌 지즐ᄂ
法界아깃 佛會아히
나ᄂ ᄇ릇 나삭
法雨를 비슬봇ᄃ야.
無名土 기피 무더
煩惱熱로 다려내매
善芽 모둘 기른
衆生ㅅ 바틀 적셔미여.
아야, 菩提ㅅ 여름 오올ᄂ
覺月 블근 ᄀ술 라ᄇ되여.   (김완진)

---

87) 무명(無明)이란 모든 번뇌의 근원이 되는 미망(迷妄)의 상태를 말함.

請轉法輪頌

佛陀成道數難陳	불타의 도를 이룬 그 길은 말하기 어려우나
我願皆趨正覺因	저는 오직 정각(正覺)[88]의 인(因)을 따르기 원하옵니다.
甘露洒消煩惱熱	달콤한 이슬은 번뇌의 열을 시원하게 식히고,
戒香熏滅罪愆塵	경계의 향은 죄악의 먼지를 샅샅이 멸해 줍니다.
陪隨善友瞻慈室	좋은 벗[89]은 뫼시고 따라 자애로운 가르침을 우러르고
勸請能人轉法輪	능인(能人)[90]에겐 권하고 청하여 법륜(法輪)을 굴리게 합니다.
雨寶遍沾沙界後	법보(法寶)의 비가 두루 사바 세계를 적신 뒤에
更於何處有迷人	어느 곳에 또 미혹된 사람이 있겠습니까?

(7) 청불주세가(請佛住世歌)

皆佛體

必于化緣盡動賜隱乃

手乙寶非鳴良尒

世呂中止以友白乎等耶

曉留朝于萬夜未

向屋賜尸朋知良闕尸也

伊知皆矣爲米

---

88) 正覺 : 석가모니 부처가 보리수 아래에서 이룬 깨달음.

89) 善友 : 善知識을 가리킴. 부처님의 정도(正道)를 가르쳐 보여주어 좋은 이익을 얻게 하는 스승이나 친구.

90) 남을 교화시키는 사람으로, 곧 부처님을 가리킴.

道尸迷反群良哀呂舌
落句 吾里心音水淸等
佛影不冬應爲賜下呂

한 부톄
비루 化緣91) 무츠샤니
소늘 부븨 올이
누리히 머믈우슬 보다라
새배루 아춤 바믹
아으샬벋 아라셰라
이 알귀 두외매
길이본 믈 슬흘셔
아으 우리 므슴믈 믈가든
佛影 안둘 應ᄒ샤리   (양주동)

모둔 부텨
비록 化緣 다아 뮈시나
소늘 부븨울어곰
누리히 머믈우슬보두야.
붉논 아춤 가만 바매
아으실 벋 아라 고티리여.
뎌 알기 두븨매
길 이반 물아 셜브리여.
아야, 우리 므슴믈 믈가든
佛影 안둘 應ᄒ샤리.   (김완진)

---

91) 교화의 인연. 보살이 이 세상에 나타나는 것은 사람을 교화하는 인연이 있기 때문인
데, 만일 이 인연이 다하면 곧 열반에 든다고 함.

請佛住世頌

極微塵數聖兼賢	극히 작은 티끌만큼 많은 성현의 부처님,
於此浮生畢化緣	이 뜬구름같은 생계(生界)에서 교화의 인연을 마치려 하네.
欲示泥恒歸寂滅	열반에 드시어 적멸(寂滅)의 세계로 돌아가려 하시나
請經沙劫利人天	사겁(沙劫)토록 인간계와 천상계에 이익 주기를 청하옵니다.
談眞盛會猶堪戀	진리를 말하시는 성대한 모임이야 그리운 것이언마는
滯俗郡迷實可憐	세속에 매인 저 미혹한 중생이 참으로 가련합니다.
若見惠燈將隱沒	지혜의 등불이 꺼질 듯함을 보건대
盍傾丹懇乞淹延	어찌 온 정성 기울여 이 세상에 머물기를 빌지 아니 하겠습니까?

(8) 상수불학가(常隨佛學歌)

我佛體
皆往焉世呂修將來賜留隱
難行苦行叱願乙
吾焉頓部叱逐好友伊音叱多
身靡只碎良只塵伊去米
命乙施好尸歲史中置
然叱皆好尸卜下里
皆佛體置然叱爲賜隱伊留兮

城上人 佛道向隱心下
他道不冬斜良行齊

우리 부톄
니건 누리 닷ㄱ려샤론
難行苦行ㅅ願을
나는 頓部ㅅ 조추리잇다
모미 ㅂ삭 드트리 가매
命을 施홀 ㅿ히두
그랏긔홀 비ㅎ리
한 부텨두 그랏ㅎ샤니뢰
아으 佛道아온 모슴하
년길 안둘 빗격 녀져   (양주동)

우리 부텨
모ᄃᆞᆫ 간 누리 닷ㄱ려시론
難行苦行ㅅ 願을
나는 ㅂᄅᆞᆺ 조초 벋뎜짜.
모믹 ㅂ삭 드틀뎌 가매
命을 施홀 ㅅ싀히도
그럿 모ᄃᆞᆫ 홀 디녀리.
모ᄃᆞᆫ 부텨도 그럿 ㅎ시니로여.
아야, 佛道 아온 모슴하.
녀느 길 안둘 빗격 녀져.   (김완진)

常隨佛學頌

此娑婆界舍那心	이 사바세계에서 비로자나부처님이 큰 보리의 마음을 내시어
不退修來迹可尋	물러서지 않고 닦아 온 그 자취를 찾아보리라.
皮紙骨毫兼血墨	살거죽을 벗겨 종이를 만들고, 뼈를 부숴 붓을 만들어 피를 먹물 삼아 경전을 베끼셨고,
國城宮殿及園林	나라와 궁전과 동산까지도 버리셨습니다.
菩提樹下成三點	보리수 아래에서 삼점(三點)92)의 깨달음 이루시곤 대중이 모인 도량에서 원만한 음성으로 연설하시었습니다.
衆會場中演一音	
如上妙因總隨學	이와 같은 오묘한 수행을 모두 따르고 배워서
永令身出苦河深	영원토록 이 몸을 깊고 깊은 괴로움의 바다에서 빼내오리다.

(9) 항순중생가(恒順衆生歌)

覺樹王焉

迷火隱乙根中沙音賜焉逸良

大悲叱水留潤良只

不冬萎玉內乎留叱等耶

法界居得丘物叱丘物叱

爲乙吾置同生同死

念念相續無間斷

佛體爲尸如敬叱好叱等耶

---

92) 법신(法身)·반야(般若)·해탈(解脫)의 3덕(三德)이 불즉불리(不卽不離)함을 말함.

打心 衆生安爲飛等
佛體頓叱喜賜以留也

覺樹王은
이브늘 불휘 사무샤니라
大悲ㅅ 믈루 저지역
안들 이우누올ㅅ다라
法界ᄀ득 구믈구믈
홀 나두 同生同死
念念相續无間斷
부톄 홀둣 敬ㅅ훗다라
아으 衆生 便安ᄒᆞᄂᆞᄃᆞᆫ
부톄 쏘 깃그샤리롸   (양주동)

菩堤樹王은
이브늘 불휘 사무시니라.
大悲ㅅ믈로 저적
안들 이브ᄂᆞ오롯ᄃᆞ야.
法界 ᄀ득 구믈ㅅ구믈ㅅ
ᄒᆞ야늘 나도 同生同死
念念相續无間斷
부텨 ᄃᆞ빌다 고맛 훗ᄃᆞ야.
아야, 衆生 便安ᄒᆞᄂᆞᆯᄃᆞᆫ
부텨 ᄇᆞ릇 깃그시리로여.   (김완진)

恒順衆生頌

樹王偏向野中榮	보리수왕이 광야 한가운데 성장(盛裝)하고 있으니
欲利千般萬種生	천만 가지 생령들을 이롭게 하려는 듯.
花果本爲賢聖体	꽃과 열매는 성현의 본체를 나타내고,
幹根元是俗凡精	줄기와 뿌리는 범속한 사람의 정기를 비유합니다.
慈波若洽靈根潤	자비의 물결이 영(靈)을 가진 뿌리를 흠뻑 적셔 주듯이
覺路宜從行業成	깨달음의 길은 마땅히 행업(行業)을 좇아서 이루어져야 할 것입니다.
恒順遍敎群品悅	항상 따르고 두루 가르친다면 모든 생령(生靈)이 기뻐하리니
可知諸佛喜非輕	모든 부처님의 기쁨이 적지 않음을 알겠습니다.

(10) 보개회향가(普皆廻向歌)

皆吾衣修孫
一切善陵頓部叱廻良只
衆生叱海惡中
迷反群無史悟內去齊
佛體叱海等成留焉日尸恨
懺爲如乎仁惡寸業置
法性叱宅阿叱寶良
舊留然叱爲事置耶
病吟 禮爲白孫隱佛體刀
吾衣身伊波人有叱下呂

한 내익 닷글손
一切善 頓部ㅅ 도로혀
衆生ㅅ 바들악히
이본물 업시 알리가져
부텨ㅅ 바들 이룬 날흔
懺ᄒ다온 모딘 業두
法性93)ㅅ 지빗 보비라
녜루 그랏ᄒ샷두라
아으 禮ᄒ슬본손 부텨도
내몸 이바 눔 이시리   (양주동)

모든 내익 닷글손
一切 ᄆᆞᆫ ᄇᆞᆮ붓 돌악
衆生ㅅ 바들아기
이반 물 업시 씨ᄃᆞᆮ거져.
부텻 바들 이론 나른
懺ᄒ더온 머즌 業도
法性 지밧 寶라
녀리로 그럿 ᄒ시도야.
아야, 절ᄒ슬볼손 부텨도
내익 모마 뎌버 사름 이샤리.   (김완진)

---

93) 진실한 법(法), 곧 법계(法界).

普皆廻向頌

從初至末所成功	처음부터 끝까지 이룬 공덕을
廻與含靈一切中	영(靈)을 가진 모두에게 돌려주리라.
咸覬得安離苦海	모든 사람이 안락을 누려 고해(苦海)를 벗어나고자 하는데
總斯消罪仰眞風	그 길은 죄를 씻고 참된 교화를 우러러보는 데 있도다.
同時共出煩塵域	모두 함께 번뇌의 세계에서 뛰쳐나와
異體咸歸法性宮	다른 만물까지도 모두 진리의 궁전에 들어가기를
我此至心廻向願	나의 이 지극한 회향(廻向)의 서원은
盡於來際不應終	미래제(未來際)가 다하도록 그치지 않으리.

(11) 총결무진가(總結無盡歌)

生界盡尸等隱
吾衣願盡尸日置仁伊而也
衆生叱邊衣于音毛
際毛冬留願海伊過
此如趣可伊羅行根
向乎仁所留善陵道也
伊波普賢行願
又都佛體叱事伊置耶
阿耶 普賢叱心音阿于波
伊留叱餘音良他事捨齊

生界 다올돈
願 다올 날두 이시리여
衆生ㅅ 쌔우미
궁모돌 願海이고
이다이 가 이라 녀곤
아온디루 善길이여
이비 普賢行願
쏘 부텨ㅅ 일이두라
아으 普賢ㅅ 무슴 아으바
이룻나마 他事捨겨   (양주동)

生界 다올돈
내이 願 다올 날도 이시리마리여.
衆生 가시오모
궁 모두논 願海이고,
이 곧 너겨 뎌라 녀곤
아온디로 무룻 길히여.
뎌바 普賢行願
쏘 부텻 이리도야.
아야 普賢ㅅ 무슴마 궁바
뎌룻나마 他事 부리겨.   (김완진)

總結無盡頌

盡衆生界以爲期   중생계가 마침으로 기약을 삼건마는
生界無窮志豈移   생계가 가이 없으니 내 뜻이 변하리이까?
師意要驚迷子夢   스승의 마음은 길 잃은 자의 꿈을 깨치는 데 있거니

法歌能代願王詞　　　법(法)의 노래로 원왕(願王)의 시를 대신할 수
　　　　　　　　　　있으리.
將除妄境須吟誦　　　미망(迷妄)의 경계를 떠나려 하면 이를 외우고
欲返眞源莫厭疲　　　참된 근원으로 돌아가려 하면 싫어하는 마음 없
　　　　　　　　　　어야 하리라.
相續一心無間斷　　　한 마음으로 쉼없이 외운다 하면
大堪隨學普賢慈　　　보현의 자비를 따라 배울 수 있으리.

Ⅳ. 고려 속요

(1) 졍읍사(井邑詞)

前 腔	들하 노피곰1) 도드샤
	어긔야2) 머리곰3) 비취오시라4)
	어긔야 어강됴리5)
小 葉	아으 다롱디리6)
後腔全	져재7) 녀러신고요8)
	어긔야 즌 디9)를 드디욜셰라10)
	어긔야 어강됴리
過 篇	어느이다11) 노코시라12)
金善調	어긔야 내13) 가논디 졈그를셰라14)

---

1) 높이높이. '-곰'은 강세접미사.
2) 감탄사. 조흥구.
3) 멀리멀리.
4) 비치옵소서(지헌영). 비추고 있으라(박병채,김형규).
5) 어강됴리 : 보통 조흥구로 봄.
6) 후렴구.
7) 시장에(지헌영, 전규태, 박병채). '後腔全'의 '全'자를 '져재'에 붙여 '전주시(全州市) 시장에'(양주동). '전주시장에'(김형규).
8) 가 계신가요(임기중). 가 있는가요(박병채). 다니시던가요(전규태).
9) 진 데(泥處). 화류항(花柳巷).
10) 디딜까 두렵습니다. '-ㄹ셰라'는 의구형 종결어미.
11) 어느 곳에다(양주동). 어느 것이나 다(김형규, 박병채, 임기중).
12) 놓으시라(김형규). 놓고 있구나(박병채). 놓아버리십시오(임기중, 전규태).
13) 제가(양주동, 김형석). 내 님(임기중, 전규태).
14) 저물까 두렵습니다.

어긔야 어강됴리

小　葉　　　아으 다롱디리

(『악학궤범(樂學軌範)』)

(2) 정과정(鄭瓜亭)

정서(鄭敍)[15]

前腔　　　내 님믈[16] 그리ᅀᆞ와 우니다니[17]

中腔　　　山 졉동새 난[18] 이슷ᄒᆞ요이다[19]

後腔　　　아니시며 거츠르신돌[20] 아으

附葉　　　殘月曉星이 아르시리이다[21]

大葉　　　넉시라도 님은 ᄒᆞᆫ딕 녀져라[22] 아으

附葉　　　벼기더시니[23] 뉘러시니잇가

二葉　　　過도 허믈도 千萬 업소이다[24]

三葉　　　믈힛마리신뎌[25]

---

15) 호는 과정(瓜亭). 고려 때 문인(文人). 동래(東萊) 사람으로 벼슬이 내시랑중(內侍郎
中)에 이르렀음.

16) 내 님을(박병채, 전규태). 내가 님을(김형석, 임기중).

17) 울고 있더니(김형석, 박병채). 울고 지내니(임기중). 울고 지내고 있으니(지헌영, 전규
태).

18) 산 두견새와 나는(김형석, 임기중, 전규태). 산접동새도 나와(박병채).

19) 비슷합니다.

20) 옳지 않다 하시고 거칠다 하시더라도(김형석). (사실이) 아니며 (모든 것이) 거짓인
줄은(임기중, 박병채). (임금께서) 옳지 않으며 허황하신 줄은(전규태).

21) 새벽달 새벽별이 알 것입니다.

22) 넋이라도 님과 한 곳에(함께) 가고 싶어라.

23) 어기시던 사람이(박병채). (小臣을 구하시려고) 우기시던 이(전규태). 내 죄를 우기던
이(임기중).

24) 잘못도 허물도 전혀 없습니다.

25) 뭇 사람의 참언이도다(양주동). 사람들의 거짓말이었구나(임기중). (간신들의) 모함입

四葉	슬읏븐뎌 아으[26]
附葉	니미 나를 ᄒ마[27] 니ᄌ시니잇가
五葉	아소 님하 도람 드르샤[28] 괴오쇼셔

(『악학궤범(樂學軌範)』)

(3) 동동(動動)

德으란 곰븨예[29] 받줍고
福으란 림븨예[30] 받줍고
德이여 福이라 호늘
나ᅀ라 오소이다[31]
아으 動動다리[32]

正月ㅅ 나릿 므른 아으
어져 녹져 ᄒ논ᄃᆡ[33]
누릿 가온ᄃᆡ 나곤

니다(전규태). 나를 위로하기 위한 말씀이었네(박병채). 슬프게 하지 말아 주시오(김형규).

26) 슬프구나(양주동, 임기중, 전규태). 가슴이 미어집니다(박병채). 사라지고 싶구려(김형규, 남광우). 사뢰고 싶도다(지헌영).

27) 벌써.

28) 마음을 돌이켜(김형규). 다시금 (간곡한 小臣의 언사를) 들으사(전규태). 돌려 들으시고(임기중). 잔사설(자세한 사연, 간곡한 언사)(양주동).

29) 뒷잔에(양주동, 임기중). 신령에(박병채).

30) 앞잔에(양주동, 임기중). 임에게(박병채).

31) 드리러(진상하러) 오십시오(임기중, 박병채).

32) 북소리의 의성어.

33) 얼려(얼고자). 녹으려(녹고자) 하는데(양주동, 김형규, 박병채, 전규태). 얼었다 녹았다 정다운데(임기중).

몸하 ᄒᆞ올로 녈셔34)
아으 動動다리

二月ㅅ 보로매 아으
노피 현 燈ㅅ블 다호라
萬人 비취실 즈싀샷다
아으 動動다리

三月 나며 開흔 아으
滿春 ᄃᆞᆯ욋고지여35)
ᄂᆞ믹 브롤 즈슬
디뎌 나샷다36)
아으 動動다리

四月 아니 니저 아으
오실셔 곳고리새여37)
므슴다 錄事니ᄆᆞᆫ38)
녯나ᄅᆞᆯ 닛고신뎌39)
아으 動動다리

五月 五日애 아으
수릿날40) 아ᄎᆞᆷ 藥은

<hr>

34) 홀로 살아가는구나(지내는구나).
35) 늦봄(晚春) 진달래꽃이여(남광우, 박병채). 만춘ᄃᆞᆯ + 욋고지여 : 3월 오얏꽃이여(양주동, 김형규).
36) 지니고 태어나시도다.
37) 오시는구나 꾀꼬리새여.
38) 녹사님은. '녹사'는 고려시대의 관직명.
39) 옛날을(양주동, 임기중, 박병채). 옛 나를(김형규, 전규태).

즈믄 힐 長存ᄒ샬
藥이라 받줍노이다
아으 動動다리

六月ㅅ 보로매 아으
별해 ᄇ룐 빗 다호라[41]
도라보실 니믈
젹곰 좃니노이다[42]
아으 動動다리

七月ㅅ 보로매 아으
百種 排ᄒ야 두고[43]
니믈 ᄒ듸 녀가져
願을 비ᅌᅩᆸ노이다
아으 動動다리

八月ㅅ 보로ᄆᆫ 아으
嘉排 나리마른
니믈 뫼셔 녀곤
오ᄂᆞᆳ 嘉俳샷다
아으 動動다리

九月 九日애 아으
藥이라 먹논 黃花

---

40) 단오날.
41) 벼랑에 버린 빗 같구나.
42) 조금이라도(잠깐이라도) 따르겠습니다.
43) 백중 제물 차려놓고(박병채). 갖가지 재물을 차려놓고(임기중).

고지 안해 드니44)
새셔 가만ᄒ얘라45)
아으 動動다리

十月애 아으
져미연46) ᄇ릇47)다호라
것거 ᄇ리신 後에
디니실 ᄒ부니 업스샷다
아으 動動다리

十一月ㅅ 봉당48) 자리예
아으 汗衫 두퍼 누워
슬홀ᄉ라온뎌49)
고우닐 스싀옴 녈셔50)
아으 動動다리

十二月ㅅ 분디남ᄀ로 갓곤
아으 나ᄉ盤잇 져다호라51)
니믜 알픠 드러 얼이노니52)

---

44) '황화고지 안해 드니'로 해석(양주동, 김형구, 박병채, 전규태). 그 꽃이 집안에 드니 (임기중).

45) 초가집이 조용하구나. 歲序가 晩하여라(양주동, 김형규).

46) 저민. 저며놓은.

47) 보로쇠(양주동, 임기중). 고로쇠나무(박병채). 열매(지헌영).

48) 封堂. 안방과 건넌방 사이에 있는 흙바닥.

49) 슬픈 일이구나(양주동). 서러웁도다(전규태). 슬픔을 불살라 왔건만(서재극). 슬픔을 사르고 있네(박병채). 슬픔을 사뢰는도다(지헌영).

50) 여의고 홀로 살아가는구나, 스스로 살아가는구나(양주동, 전규태). 갈라서 한사람씩 살아가는구나(박병채).

51) 진상할 소반에 있는 젓가락 같구나.

52) (交合하게 하듯이) 가지런히 놓으니.

소니 가재다 므르숩노이다[53]

아으 動動다리

(『악학궤범(樂學軌範)』)

(4) 처용가(處容歌)

前腔	新羅盛代 昭聖代
	天下大平 羅侯德[54]
	處容아바
	以是人生애 相不語ᄒ시란ᄃᆡ[55]
	以是人生애 相不語ᄒ시란ᄃᆡ
附葉	三災[56] 八難[57]이 一時消滅ᄒ샷다
中葉	어와 아븨 즈싀여 處容아븨 즈싀여
附葉	滿頭揷花 계오샤 기울어신 머리예[58]
小葉	아으 壽命長願ᄒ샤 넙거신 니마해[59]
後腔	山象이슷 깅어신 눈섭에[60]
	愛人相見ᄒ샤 오ᄉᆞᆯ어신 누네[61]

---

53) 무옵니다.
54) 천하가 태평한 것은 라후의 덕이로다. '라후'는 구요성(九曜星) 가운데 제8성인 식신(蝕神).
55) 사람이 이로부터 (말미암아) 별말이 없게 되니(김태준, 전규태).
56) 삼재는 겁말(劫末)에 생긴다는 세 가지 재해로 대삼재(水·火·風)와 소삼재(刀兵·疾疫·飢饉)가 있음.
57) 팔난은 불교용어로 지옥(地獄)·기아(飢餓)·축생(畜生)·울단월(鬱單越)·장수천(長壽天)·농맹음아(聾盲瘖瘂)·세지변총(世智辨聰)·불전불후(佛前佛後)나 기(飢)·갈(渴)·한(寒)·서(署)·수(水)·화(火)·도(刀)·병(兵)을 말함.
58) 머리에 가득 꽂은 꽃이 겨워 기울어지신 머리에.
59) 수명이 길고 오래어 넓으신 이마에.
60) 산의 모습과 비슷한 무성하신 눈썹에. 기신(長) 눈썹에(전규태, 양주동).

附葉	風入盈庭ᄒ샤 우글어신 귀예62)
中葉	紅桃花ᄀ티 븕거신 모야해63)
附葉	五香 마트샤 웅긔어신 고해64)
小葉	아으 千金 머그샤 어위어신 이베65)
大葉	白玉琉璃ᄀ티 히여신 닛바래
	人讚福盛ᄒ샤 미나거신 특애66)
	七寶 계우샤 숙거신 엇게예67)
	吉慶 계우샤 늘의어신 ᄉ맷길헤68)
附葉	셜믜 모도와 有德ᄒ신 가ᄉ매69)
中葉	福智俱足ᄒ샤 브르거신 빈예70)
	紅鞓 계우샤 굽거신 허리예71)
附葉	同樂大平ᄒ샤 길어신 허튀예72)
小葉	아으 界面 도ᄅ샤 넙거신 바래73)
前腔	누고 지ᅀᅥ 셰니오 누고 지ᅀᅥ 셰니오74)
	바늘도 실도 어ᄢ 바늘도 실도 어ᄢ
附葉	處容아비를 누고 지ᅀᅥ 셰니오
中葉	마아만 마아만 ᄒ니여75)

<hr>

61) 애인을 보시어 온전하신 눈에. 애인을 바라보는 듯한 너그러운 눈에(임기중).
62) 바람이 들에 가득 차 우글어지신 귀에.
63) 붉은 복숭아꽃 같이 붉으신 얼굴에.
64) 오향 맡으시어 우묵해지신 코에. 진기한 향내(임기중). 오향나무(박병채).
65) 천금 머금어 넓으신 입에.
66) 사람들이 칭찬하고 복이 성하여 밀어나오신 턱에.
67) 칠보 겨워 숙여진 어깨에.
68) 길흥자락(비단)에 겨워 늘어진 소맷길에(최철).
69) 슬기(지혜) 모두어 유덕하신 가슴에.
70) 복과 지혜가 다 충족하여 부르신 배에.
71) 붉은 띠 겨워 굽으신 허리에.
72) 동락태평하여 길어진 다리에.
73) 계면조에 맞추어 돌으시어 넓으신 발에.
74) 누가 만들어 세웠는가.
75) 많이도 많이도 세워 놓았구나(임기중). 어마하고 위대한 이여(지헌영). 많고 많은

附葉　十二諸國이 모다 지ᅀᅥ 셰온
小葉　아으 處容아비ᄅᆞᆯ 마아만 ᄒᆞ니여
後腔　머자 외야자 綠李야[76]
　　　ᄲᆞᆯ리나 내 신고ᄒᆞᆯ ᄆᆡ야라[77]
附葉　아니옷 ᄆᆡ시면 나리어다 머즌말[78]
中葉　東京 ᄇᆞᆯ근 ᄃᆞ래 새도록 노니다가
附葉　드러 내 자리ᄅᆞᆯ 보니 가ᄅᆞ리 네히로섀라
小葉　아으 둘흔 내해어니와 둘흔 뉘해어니오
大葉　이런 저긔 處容아비옷 보시면
　　　熱病神이ᅀᅡ 膾ㅅ가시로다
　　　千金을 주리여 處容아바[79]
　　　七寶를 주리여 處容아바
附葉　千金 七寶도 말오
　　　熱病神를 날 자바 주쇼셔
中葉　山이여 ᄆᆡ히여 千里外예
附葉　處容아비ᄅᆞᆯ 어여려거져[80]
小葉　아으 熱病大神의 發願이샷다

(『악학궤범(樂學軌範)』)

사람들이여(박병채).

76) 버찌야 오얏아 녹리(綠李)야.

77) 빨리 나와 내 신코를 매어라.

78) 아니 매시면 내릴 것이다 궂은 말.

79) 천금을 주겠는가(박병채, 김형규). 천금을 줄까(전규태). 천금을 주랴(임기중). 천금을 드릴까요(최철).

80) 처용아비를 피하여 갈지어다(김형규, 박병채). 처용아비를 비켜갈지어다(임기중, 전규태). 처용아비를 피하여 가고 싶어라(최철).

(5) 쌍화졈(雙花店)

雙花店[81]에 雙花사라 가고신된
回回아비[82] 내 손모글 주여이다
이 말솜미 이 店 밧긔 나명들명
다로러거디러
죠고맛감 삿기광대[83] 네 마리라 호리라
더러둥셩 다리러디러 다리러디러 다로러거디러 다로러
긔 자리예 나도 자라 가리라
위 위 다로러거디러 다로러
긔 잔뒤 ᄀ티[84] 덦거츠니[85] 업다

三藏寺애 블 혀라 가고신된
그뎔 社主ㅣ[86] 내 손모글 주여이다
이 말ᄉ미 이 뎔 밧긔 나명들명
다로러거디러
죠고맛간 삿기上座ㅣ 네 마리라 호리라
더러둥셩 다리러디러 다리러디러 다로러거디러 다로러
긔자리예 나도 자라 가리라
위 위 다로러거디러 다로러
긔 잔뒤 ᄀ티 덦거츠니 업다

---

81) 만두가게.
82) 서역인.
83) 조그마한 새끼광대.
84) 그 잔 곳 같이
85) 거친 곳이, 울창한 곳이(전규태). 지저분한 것이, 거친 것이(박병채). 답답한 것이(양주
   동). 우울한 것이(김형규).
86) 주지스님.

드레우므레[87] 므를 길라 가고신딘
우뭇龍이 내 손모글 주여이다
이 말스미 이 우믈 밧씌 나명들명
다로러거디러
죠고맛간 드레바가 네 마리라 호리라
더러둥셩 다리러디러 다리러디러 다로러거디러 다로러
긔 자리예 나도 자라 가리라
위 위 다로러거디러 다로러
긔잔디ㄱ티 덦거츠니 업다

술폴지븨 수를 사라 가고신딘
그 짓아비 내 손모글 주여이다
이 말스미 이 집 밧씌 나명들명
다로러거디러
죠고맛간 싀구바가[88] 네 마리라 호리라
더러둥셩 다리러디러 다리러디러 다로러거디러 다로러
긔 자리예 나도 자라 가리라
위 위 다로러거디러 다로러
긔잔디ㄱ티 덦거츠니 업다

(『악장가사(樂章歌詞)』)

---

87) 두레박으로 물을 푸는 우물.
88) 술바가지. 술을 푸는 바가지(박병채). 시궁에 쓰는 바가지(양주동, 전규태).

(6) 셔경별곡(西京別曲)

西京이[89] 아즐가
西京이 셔울히마르는
위 두어렁셩 두어렁셩 다링디리

닷곤디[90] 아즐가
닷곤디 쇼셩경 고외마른
위 두어렁셩 두어렁셩 다링디리

여히므론 아즐가
여히므론 질삼뵈 브리시고
위 두어렁셩 두어렁셩 다링디리

괴시란디[91] 아즐가
괴시란디 우러곰 좃니노이다
위 두어렁셩 두어렁셩 다링디리

구스리 아즐가
구스리 바회예 디신들
위 두어렁셩 두어렁셩 다링디리

긴히쫀 아즐가
긴힛쫀 그츠리잇가 나는
위 두어렁셩 두어렁셩 다링디리

---

89) 평양이.
90) 닦은 데. 닦은 곳.
91) 사랑해 준다면. 사랑하신다면.

즈믄 히를 아즐가
즈믄 히를 외오곰 녀신돌
위 두어렁셩 두어렁셩 다링디리

信잇돈 아즐가
信잇돈 그츠리잇가 나논
위 두어렁셩 두어렁셩 다링디리

大同江 아즐가
大同江 너븐디 몰라셔
위 두어렁셩 두어렁셩 다링디리

빈 내여 아즐가
빈 내여 노혼다 샤공아
위 두어렁셩 두어렁셩 다링디리

네 가시 아즐가
네 가시 럼난디[92] 몰라셔
위 두어렁셩 두어렁셩 다링디리

녈빈예 아즐가
녈빈예 연즌다[93] 샤공아
위 두어렁셩 두어렁셩 다링디리

大同江 아즐가
大同江 건넌편 고즐여

---

92) 음탕한 줄(양주동, 임기중). 음란한 (마음이 난) 줄(전규태, 김형규).
93) 가는 배에 얹었느냐.

위 두어렁셩 두어렁셩 다링디리

빙타들면 아즐가
빙타들면 것고리이다 나는
위 두어렁셩 두어렁셩 다링디리

(『악장가사(樂章歌詞)』)

(7) 청산별곡(靑山別曲)

살어리 살어리랏다[94]
靑山애 살어리랏다
멀위랑 두래랑 먹고
靑山애 살어리랏다
얄리 얄리 얄랑셩 얄라리 얄라

우러라 우러라[95] 새여
자고 니러 우러라 새여
널라와 시름 한 나도[96]
자고 니러 우니로라[97]
얄리 얄리 얄라셩 얄라리 얄라

가던 새[98] 가던 새 본다

---

94) 살아갈 것이러라(양주동). 살리로라 살아갈 것이로다(박병채). 살으리라(김형규, 전규태).
95) 우는구나(양주동, 전규태). 울어라(김형규, 임기중, 박병채).
96) 너보다 시름 많은 나도.
97) 자고 일어나 울며 지내노라.
98) 가던 새(鳥)(박병채, 전규태). 날아가는 새(임기중). 갈던 사래(서재극).

믈 아래99) 가던 새 본다
잉무든100) 장글란 가지고
믈 아래 가던 새 본다
얄리 얄리 얄라셩 얄라리 얄라

이링공 뎌링공 ᄒᆞ야101)
나즈란 디내와손뎌
오리도 가리도 업슨
바므란 쪼 엇디 호리라
얄리 얄리 얄라셩 얄라리 얄라

어듸라 더디던 돌코
누리라 마치던 돌코
믜리도 괴리도 업시
마자셔 우니노라
얄리 얄리 얄라셩 얄라리 얄라

살어리 살어리랏다
바ᄅᆞ래 살어리랏다
ᄂᆞᄆᆞ자기102) 구조개103)랑 먹고
바ᄅᆞ래 살어리랏다
얄리 얄리 얄라셩 얄라리 얄라

가다가 가다가 드로라104)

---

99) 물 아래(양주동, 김형규, 박병채, 전규태). 평원지대(정병욱).
100) 이끼 묻은(녹슬은) 쟁기.
101) 이럭저럭하여.
102) 나문재. 나마자기(海藻, 海草).
103) 굴과 조개.

에졍지[105] 가다가 드로라
사ᄉᆞ미 짒대예 올아셔[106]
奚琴을 혀거를 드로라
얄리 얄리 얄라셩 얄라리 얄라

가다니 비 브른 도긔
설진 강수[107]를 비조라
조롱곳 누로기[108] 미와
잡ᄉᆞ와니 내 엇디ᄒᆞ리잇고
얄리 얄리 얄라셩 얄라리 얄라

(『악장가사(樂章歌詞)』)

(8) 졍셕가(鄭石歌)

딩아 돌하[109] 當今에 계샹이다[110]
딩아 돌하 當今에 계샹이다
先王聖代예 노니ᄋᆞ와지이다[111]

삭삭기 셰몰애 별헤 나는[112]

---

104) 듣노라.
105) 외딴 부엌(양주동, 임기중).
106) 사슴이 장대에 올라서.
107) 농도가 강한 술(양주동). 텁텁하고 진한 강술(박병채, 전규태).
108) 조롱박꽃 모양의 누룩이.
109) ‘딩’은 정(鉦), ‘돌’은 석경(石磬). 즉 금석(金石) 악기의 의인화(양주동, 임기중, 전규
　　 태). 연정의 대상인 정석(鄭石)(김형규, 박병채).
110) 지금 계십니다.
111) 노닐고 싶습니다(임기중, 박병채). 노닐어보자(전규태). 놉니다(김형규).
112) 바삭바삭(사각사각) 하는 가는 모래 벼랑에.

삭삭기 셰몰애 별헤 나는
구은 밤 닷 되를 심고이다
그 바미 우미 도다 삭나거시아[113]
그 바미 우미 도다 삭나거시아
有德ᄒ신 님믈 여희ᄋ와지이다[114]

玉으로 蓮ㅅ고즐 사교이다
玉으로 蓮ㅅ고즐 사교이다
바회 우희 接柱ᄒ요이다
그 고지 三同[115]이 퓌거시아
그 고지 三同이 퓌거시아
有德ᄒ신 님 여희ᄋ와지이다

므쇠로 텰릭[116]을 몰아 나는
므쇠로 텰릭을 몰아 나는
鐵絲로 주롬 바고이다
그 오시 다 헐어시아
그 오시 다 헐어시아
有德ᄒ신 님 여희ᄋ와지이다

므쇠로 한쇼를 디여다가
므쇠로 한쇼를 디여다가
鐵樹山애 노호이다
그 쇠 鐵草를 머거아

---

113) 그 밤에 움이 돋아 싹이 나야만.
114) 유덕하신 님을 여의고 싶습니다(임기중). 덕있는 님을 여의게 해 주십시오(전규태).
115) 삼백 송이(양주동, 박병채). 세 묶음(김형규). 석 동이(전규태).
116) 융복(戎服)(양주동, 박병채).

그 쇠 鐵草를 머거아

有德ᄒ신 님 여히ᄋ와지이다

구스리 바회예 디신들

구스리 바회예 디신들

긴힛ᄃ 그츠리잇가

즈믄 ᄒ를 외오곰 녀신들117)

즈믄 ᄒ를 외오곰 녀신들

信잇ᄃ 그츠리잇가

(『악장가사(樂章歌詞)』)

(9) 이상곡(履霜曲)

비오다가 개야 아 눈 하 디신 나래118)

서린119) 석석사리120) 조분 곱도신 길헤121)

다롱디우셔 마득사리 마두너즈세 너우지122)

잠싸간 내니믈 너겨123)

깃든124) 열명길헤125) 자라오리잇가

죵죵 霹靂 아 生陷墮無間126)

---

117) 천 년을 외따로 살아간들.
118) 비 오다가 개어 아 눈이 많이 내리신 골에.
119) 서리(盤)(양주동, 박병채, 지헌영, 전규태). 엉킨(임기중).
120) 나무 숲(양주동, 박병채). 수풀(임기중, 전규태). 버석버석하는 발자국 소리(남광우).
121) 좁은 굽어 돌아있는 길에.
122) 조흥구.
123) 잠을 빼앗아간 내 님을 생각하여(생각하지만, 생각하오니).
124) 그러한(양주동, 임기중, 전규태). 그이야(박병채).
125) 무서운 길에. '十明'의 속칭(俗稱)인 듯. 십분노명왕(十忿怒明王)같이 무시무시한 길에(양주동).

고대셔 싀여딜 내 모미
종종 霹靂 아 生陷墮無間
고대셔 싀여딜 내 모미
내 님 두숩고 년뫼를127) 거로리
이러쳐 뎌러쳐128)
이러쳐 뎌러쳐 期約이잇가
아소 님하 흔딕 녀졋 期約이이다

(『악장가사(樂章歌詞)』)

(10) 사모곡(思母曲)

호미도 눌히언마르는129)
낟ㄱ티 들 리도 업스니이다
아바님도 어이어신마르는130)
위 덩더둥셩
어마님ㄱ티 괴시리 업세라131)
아소 님하
어마님ㄱ티 괴시리 업세라

(『악장가사(樂章歌詞)』)

---

126) 때때로 벼락이 치면(치는) 무간 지옥에 떨어져.
127) 다른 산을.
128) 이렇게 하고자 저렇게 하고자.
129) 호미도 날이지마는.
130) 아버님도 어버이시지마는.
131) 어머님같이 사랑하실 사람이 없구나.

(11) 가시리

가시리 가시리잇고 나는
브리고 가시리잇고 나는
위 증즐가 大平盛代

날러는 엇디 살라 ᄒ고
브리고 가시리잇고 나는
위 증즐가 大平盛代

잡ᄉ와 두어리마ᄂᆞ는[132)
선ᄒ면[133) 아니 올셰라
위 증즐가 大平盛代

셜온님[134) 보내ᅌᆞ노니 나는
가시ᄂᆞᆫ 듯 도셔 오쇼셔 나는[135)
위 증즐가 大平盛代

(『악장가사(樂章歌詞)』)

---

132) 잡아 두리마는, 잡아 둘 것이지만.
133) 선뜻(양주동). 서운하면(김형규, 임기중, 전규태). 그악스러우면, 까닥 잘못하면(박병채). 심하면(지헌영).
134) 서러운 님을.
135) 가시는 것처럼 다시 돌아오소서(박병채). 가시자마자 돌아서 오십시오(김형규).

(12) 만전춘별사(滿殿春別詞)

어름 우희 댓닙자리 보와
님과 나와 어러 주글만뎡
어름 우희 댓닙 자리 보와
님과 나와 어러 주글만뎡
情둔 오놄범 더듸 새오시라 더듸 새오시라

耿耿 孤枕上[136]애
어느 즈미 오리오
西窓을 여러ᄒᆞ니
桃花ㅣ 發ᄒᆞ두다
桃花ᄂᆞᆫ 시름 업서
笑春風ᄒᆞᄂᆞ다 笑春風ᄒᆞᄂᆞ다

넉시라도 님을 ᄒᆞᆫ듸
녀닛景 너기다니[137]
넉시라도 님을 ᄒᆞᆫ듸
녀닛景 너기다니
벼기더시니[138] 뉘러시니잇가 뉘러시니잇가

올하 올하
아련 비올하[139]
여흘란 어듸 두고

---

136) 잠못드는(뒤척뒤척) 외로운 잠자리에.
137) 넋이라도 님과 한 곳에 가리라 여겼더니(최철).
138) 우기던, 고집하던 사람이(양주동, 전규태). 어기던 사람이(박병채).
139) 어린(연약한) 비오리야(花鴨).

소해 자라 온다
소콧 얼면 여흘도 됴ᄒ니 여흘도 됴ᄒ니

南山애 자리 보와
玉山을 벼여 누어
錦繡山 니블 안해
麝香각시를 아나 누어
藥든 가슴을 맛초ᄋᆞᆸ소이다 맛초ᄋᆞᆸ소이다

아소 님하 遠代平生애 여힐 술 모ᄅᆞᆸ새140)
(『악장가사(樂章歌詞)』)

(13) 상저가(相杵歌)

듦긔동 방해나 디히141) 히얘
게우즌 바비나 지서142) 히얘
아버님 어머님ᄭᅴ 받줍고 히야해
남거시든 내 머고리 히야해 히야해
(『시용향악보(時用鄕樂譜)』)

---

140) 평생토록 여윌 줄 모르고 지냅시다.
141) 덜커덩 방아나 찧어.
142) 거칠은(까실까실한) 밥이나 지어.

(14) 유구곡(維鳩曲)

비두로기 새는
비두로기 새는
우루믈 우루되[143]
버곡댱이사[144]
난 됴해
버곡댱이사
난 됴해

(『시용향악보(時用鄕樂譜)』)

【관련기록】 벌곡조는 잘 우는 새이다. 예종이 자기의 과오와 시정(時政)의 득실(得失)에 대해 듣고 싶어서 언로를 넓게 열어놓았다. 그래도 아래 사람들이 말을 하지 않을까 염려해서 이 노래를 지어 비유해서 타이른 것이다.

(고려사(高麗史) 제71권 악지(樂志)』)

---

143) 울되. 울지만.
144) 뻐꾸기라야(임기중, 전규태). 뻐꾸기야말로(박병채).

Ⅴ. 경기체가와 악장

1. 경기체가

(1) 한림별곡(翰林別曲)1)

元淳文2) 仁老詩3) 公老四六4)

李正言5) 陳翰林6) 雙韻走筆7)

沖基對策8) 光鈞經義9) 良鏡詩賦10)

위 試場ㅅ景 긔 엇더ᄒ니잇고

琴學士11)의 玉笋門生12) 琴學士의 玉笋門生

위 날조차13) 몃부니잇고

---

1) 말미에 "이 곡은 고종 때 한림원의 여러 학자들이 지은 것이다(此曲 高宗時翰林諸儒 所作)"란 기록이 있음.

2) 유원순(兪元淳 : 1168-1232)의 문장. 원순은 유승단(兪昇旦)의 초명(初名).

3) 이인로(李仁老 : 1152-1220)의 시.

4) 이공로(李公老 : ?-1224)의 사륙변려문(四六변麗文). 4자 6자의 대구(對句)로 된 문장.

5) 이규보(李奎報 : 1168-1241). 자는 춘경(春卿). 호는 백운거사(白雲居士). 정언(正言)은 벼슬 이름.

6) 진화(陳澕 : ?-?). 한림원(翰林院)에서 재직했음.

7) 두 개의 운자(韻字)를 번갈아가며 거침없이 써 내려감.

8) 유충기(劉沖基)의 대책문(對策文). 대책문이란 과거에서 시정(時政)에 관한 방책을 묻는 책문(策問)에 답변하는 글.

9) 민광균(閔光鈞 : ?-?)의 경전 풀이.

10) 김양경(金良鏡 : ?-1235)의 시(詩)와 부(賦). 양경은 김인경(金仁鏡)의 初名.

11) 학사(學士)의 벼슬을 지낸 금의(琴儀 : 1153-1230). 여러 차례 과거를 전담하여 선발한 사람 중 인재가 많았고, 그들이 금의를 중심으로 문벌을 형성했다고 함.

12) 죽순같이 많은 문하생들, 즉 뛰어난 재주를 가진 문하생이 많은 것을 비유.

唐漢書[14] 莊老子[15] 韓柳文集[16]
李杜集[17] 蘭臺集[18] 白樂天集[19]
毛詩尙書[20] 周易春秋[21] 周戴禮記[22]
위 註 조쳐 내 외욼景[23] 긔 엇더ᄒᆞ니잇고
大平廣記[24] 四百餘卷 大平廣記 四百餘卷
위 歷覽ㅅ景[25] 긔 엇더ᄒᆞ니잇고

眞卿書[26] 飛白書[27] 行書草書[28]
篆籒書[29] 蝌蚪書[30] 虞書南書[31]

---

13) 나까지, 나를 포함해서. 나를 따라(박병채).
14) 중국의 사서(史書)인 『당서(唐書)』와 『한서(漢書)』.
15) 『장자(莊子)』와 『노자(老子)』.
16) 중국 당나라 때 문장가인 한유(韓愈 : 768-824)와 유종원(柳宗元 : 773-819)의 문집.
17) 중국 당나라 때 시인인 이백(李白 : 701-762)과 두보(杜甫 : 712-770)의 시집. 곧 『이태백집(李太白集)』 30권과 『두공부집(杜工部集)』 20권.
18) ① 중국 반고(班固 : 32-92)의 시문집(김동욱). ② 한나라 때 『난대집』. 난대령사(蘭臺令史)들의 시문집(박병채). 중국 한나라 때 궁궐 안에 전적(典籍)을 보관하던 창고인 난대에 보관된 책이나 시문을 가리키기도 함.
19) 중국 당나라 때 시인인 백거이(白居易 : 772-846)의 문집.
20) 『모시(毛詩)』는 『시경(詩經)』, 『상서(尙書)』는 『서경(書經)』.
21) 『주역』과 『춘추』. 『춘추』는 공자가 춘추시대(BC 770-BC 481)의 역사를 기록한 책.
22) 『주대(周戴)』는 대덕(戴德)이 찬(撰)한 『대대례(大戴禮)』, 『예기(禮記)』는 대성(戴聖)이 찬한 『소대례(小戴禮)』.
23) 주를 아울러 내가(내리) 외우는 광경.
24) 『태평광기』. 송(宋)나라 때 이방(李昉) 등이 지은 설화 민담집.
25) 두루 두루 읽는 모습.
26) 중국 당나라 때 서예가인 안진경(顔眞卿 : 709-784)의 서체.
27) 여덟 가지 서체 중 하나로 후한 때 채옹(蔡邕 : 132-192)의 서체. 글씨 모양이 날아가는 듯하고, 붓자국이 비로 쓴 자리같이 보이는 서체.
28) 행서(行書)와 초서(草書).
29) 전서(篆書)와 주서(籒書). 곧 소전(小篆)과 대전(大篆). 전서는 고대 한자의 한 서체로 대전과 소전이 있음. 소전은 진(秦)나라 이사(李斯)가 고안한 것이고, 대전은 주(周)나라 태사(太史)인 주(籒)가 창안한 것이므로 주문이라고도 함.
30) 과두체(科斗體). 글씨 모양이 올챙이 모양과 비슷한 서체.
31) 당나라 초기의 서예가 우세남(虞世南)의 서체.

羊鬚筆32) 鼠鬚筆33) 빗기 드러

위 딕논景34) 긔 엇더ᄒ니잇고

吳生劉生35) 兩先生의 吳生劉生 兩先生의

위 走筆ㅅ景 긔 엇더ᄒ니잇고

黃金酒36) 柏子酒37) 松酒醴酒38)

竹葉酒39) 梨花酒40) 五加皮酒41)

鸚鵡盞42) 琥珀盃43)예 ᄀ득 브어

위 勸上ㅅ景 긔 엇더ᄒ니잇고

劉伶陶潛44) 兩仙翁의 劉伶陶潛 兩仙翁의

위 醉혼景 긔 엇더ᄒ니잇고

紅牧丹 白牧丹 丁紅45)牧丹

紅芍藥 白芍藥 丁紅芍藥

御柳玉梅46) 黃紫薔薇 芷芝冬柏47)

---

32) 양의 수염으로 만든 좋은 붓.
33) 쥐(족제비)의 수염으로 만든 좋은 붓.
34) 찍는 모습. 곧 글씨를 쓰는 모습.
35) 오생(吳生)과 유생(劉生). 당대의 명필인 듯함.
36) 미주(美酒) (박병채). 황국화로 담은 술(임기중).
37) 잣으로 담근 술.
38) 송주와 예주. 송주는 소나무 열매나 새순으로 담근 술. 예주는 단술.
39) 댓잎으로 담근 술.
40) 배꽃으로 담근 술.
41) 오가피로 담근 술.
42) 앵무조개[鸚鵡貝殼]로 만든 잔.
43) 호박(琥珀)으로 만든 잔.
44) 유령(劉伶 : ?-?)과 도연명(陶淵明 : 365-427). 유령은 진(晉)나라 때 죽림칠현 중 한
    사람이며, 도연명은 동진(東晋)의 시인임.
45) 정홍 : 진홍색(眞紅色).
46) 어류옥매 : 궁궐에서 자란 버드나무와 옥매화.
47) 지란(芝蘭)과 영지(靈芝)와 동백나무.

위 間發ㅅ景48) 긔 엇더ᄒ니잇고

合竹桃花49) 고온 두 분 合竹桃花 고온 두 분

위 相映ㅅ景50) 긔 엇더ᄒ니잇고

阿陽琴51) 文卓笛52) 宗武中琴53)

帶御香54) 玉肌香55) 雙伽倻ㅅ고

金善琵琶56) 宗智嵆琴57) 薛原杖鼓58)

위 過夜ㅅ景59) 긔 엇더ᄒ니잇고

一枝紅60)의 빗근 笛吹 一枝紅의 빗근 笛吹

위 듣고아 줌드러지라

蓬萊山 方丈山 瀛洲三山61)

此三山 紅縷閣 婥妁仙子62)

綠髮額子 錦繡帳裏 珠簾半捲63)

위 登望五湖ㅅ景64) 긔 엇더ᄒ니잇고

---

48) 사이사이에 핀 모습

49) 합죽과 도화. 대나무와 복숭아꽃.

50) 서로 비추는 모습. 서로 바라보는 모습.

51) 아양이 타는 거문고. 아양은 거문고의 명인인 듯.

52) 문탁이 부는 피리. 문탁은 피리의 명인인 듯.

53) 종무가 타는 중간 크기의 거문고. 종무는 중금의 명인인 듯.

54) 기생 이름. 가야금의 명인인 듯.

55) 기생 이름, 가야금의 명인인 듯.

56) 김선이 타는 비파. 김선은 비파의 명인인 듯.

57) 종지의 해금(奚琴). 종지는 해금의 명인인 듯.

58) 설원의 장고. 설원은 장고의 명인인 듯.

59) 밤을 지새는 모습. 밤을 새워 노는 모습.

60) 기생 이름. 피리의 명인인 듯.

61) 중국 전설에서 신선이 살고 불로초가 있다는 동해의 삼신산(三神山). 우리나라의
금강산·지리산·한라산이라고도 함.

62) 아름다운 선녀. 미인.

63) 검은 머리의 미녀가(아름다운 여자가) 비단 장막 안에서 주렴을 반쯤 걷고.

64) (산에) 올라 오호(五湖)를 바라보는 모습. 오호는 중국 오월(吳越) 지방에 있는 호수로

綠楊綠竹 栽亭畔애[65]綠楊綠竹 栽亭畔애

위 囀黃鸎 반갑두세라[66]

唐唐唐[67] 唐楸子[68] 皂莢 남긔[69]

紅실로 紅글위[70] 미요이다

혀고시라[71] 밀오시라[72] 鄭少年하

위 내 가논 딕 눔 갈셰라

削玉纖纖[73] 雙手ㅅ길헤 削玉纖纖 雙手ㅅ길헤

위 携手同遊ㅅ景[74] 긔 엇더ㅎ니잇고

(『악장가사(樂章歌詞)』)

<hr>

경치가 매우 아름답다고 함.
65) 푸른 버들과 푸른 대나무를 심은 정자의 둔덕에.
66) 아 지저귀는 꾀꼬리 반갑기도 하구나.
67) '당추자(唐楸子)'의 첫소리 '당'을 따서 음률을 맞춘 말.
68) 호두나무.
69) 쥐엄나무에.
70) 붉은 그네.
71) 당기라. 당겨라. 당기고 있으라(박병채).
72) 미시라. 밀어라. 밀고 있으라(박병채).
73) 옥을 깎아 만든 듯이 고운.
74) 손 잡고 같이 노니는 모습.

(2) 관동별곡(關東別曲)

안축(安軸)[75]

海千重 山萬疊 東別境[76]

碧油幢 紅蓮幕 兵馬營主[77]

玉帶傾盖 黑槊紅旗 鳴沙路[78]

爲 巡察景 幾何如

朔方民物 慕義趨風[79]

爲 王化中興景 幾何如[80]

鶴城東 元帥臺 穿島國島[81]

轉三山 移十州 金鰲頂上[82]

收紫霧 卷紅嵐 風恬浪靜[83]

爲 登望滄溟景 幾何如[84]

桂棹蘭舟[85] 紅粉歌吹[86]

---

75) 안축(1287-1348) : 고려 말기의 문신. 고향은 순흥의 죽계(지금의 풍기(豊基)). 호는
근재(謹齋). <관동별곡>은 1330년 44살 때 강원도 존무사(存撫使)로 있다가 돌아오
는 길에 관동지방의 승경을 노래한 가사.
76) 바다 겹겹 산 첩첩인 관동의 절경에서.
77) 푸른 깃발 붉은 장막이 있는 병마 영주가.
78) 옥대 두르고 수레 덮개 기울이고, 검은 창 붉은 깃발 명사길에.
79) 삭방(朔方)의 백성이 의(義)를 사모하고 풍화(風化)를 좇으니.
80) 임금의 교화가 중흥하는 모습 그것이 어떠합니까?
81) 학성 동쪽의 원수대(元帥臺), 천도(穿島)와 국도(國島). 학성은 안변(安邊)의 옛 이름.
원수대는 옛날 병마사가 노닐던 봉우리. 천도는 원수대 남쪽의 섬. 국도는 학성
동쪽의 섬.
82) 삼신산(三神山)을 옮기고 십주(十州)를 옮긴 듯한 금오산(金鰲山) 꼭대기. 삼신산(三
神山)은 봉래산(蓬萊山), 방장산(方丈山), 영주산(瀛洲山). 십주(十州)는 신선이 산다
는 열 개의 섬(조주(祖洲), 영주(瀛洲), 현주(玄洲), 염주(炎洲), 장주(長洲), 원주(元洲),
유주(流洲), 생주(生洲), 봉린주(鳳麟洲), 취굴주(聚窟洲).
83) 붉은 안개 걷히고 붉은 이내가 걷히고, 바람은 고요하고 물결은 잔잔함.
84) 아 높이 올라 창해를 바라보는 모습 그것이 어떠합니까?

爲 歷訪景 幾何如87)

叢石亭 金欄窟 奇岩怪石88)

顚倒巖 四仙峯 蒼苔古碣89)

我也足90) 石巖回 殊形異狀91)

爲 四海天下 無豆舍叱多92)

玉簪珠履 三千徒客93)

爲 又來悉 何奴日是古94)

三日浦 四仙亭 奇觀異迹95)

彌勒堂 安祥渚 三十六峯96)

夜深深 波瀲瀲 松梢片月97)

---

85) 계수나무로 만든 삿대와 난으로 화려하게 치장한 배.
86) 화장한 미녀들의(기녀의) 노랫소리.
87) 경승지(景勝地)를 두루 둘러보는 모습 그것이 어떠합니까?
88) 총석정과 금란굴의 기암괴석. 총석정은 강원도 통천군(通川郡) 북쪽 바닷가에 있는
    정자이고, 금란굴은 통천굴 동쪽에 있는 굴.
89) 전도암과 사선봉의 푸른 이끼 낀 옛 비석. 전도암은 깎아지른 듯 가파른 바위를
    말하고, 사선봉은 총석정 앞에 있는 봉우리로 신라 때 영랑(永郞)·술랑(述郞)·남석
    랑(南石郞)·안상랑(安祥郞) 등 네 신선이 놀았다고 함.
90) 아야차, 어여차(감탄사).
91) 석암이 휘돌아 형상이 기이하니.
92) 아 사해 천하에 (이런 경관은) 없습니다.
93) 옥비녀 구슬 신발(지체 높은 귀한 신분)의 수많은 손님들. 조(趙)나라 무령왕의 아들
    평원군(平原君)의 식객을 '옥잠 꽂은 귀한 손님'으로, 초(楚)나라 재상 춘신군(春神
    君)의 식객을 '구슬 신발을 신은 많은 나그네'로 표현했음.
94) 또 온다고 합니까? 오실 (날이) 어느 날입니까?
95) 삼일포와 사선정의 기이한 경관와 자취. 삼일포는 강원도 고성군 북쪽에 있는 호수
    로 관동 팔경의 하나. 사선정은 삼일포에 있는 정자로 신라의 사선이 여기서 놀았다
    고 함.
96) 미륵당 안상저 서른여섯 봉우리. 미륵당은 고성군에 있는 정자 이름. 안상저는 신라
    사선 중 하나인 안상랑이 놀다 갔다는 물가.
97) 밤은 깊고 물결은 찰랑찰랑 소나무 끝엔 조각달. 염염(瀲瀲)은 잔물결이 이는 모습.

爲 古溫貌 我隱 伊西爲乎伊多98)
述郎徒矣 六字丹書99)
爲 萬古千秋 尙分明100)

仙遊潭 永郞湖 神淸洞裏101)
綠荷洲 靑瑤嶂 風烟十里102)
香苒苒 翠森森 琉璃水面103)
爲 泛舟景 幾何如104)
蓴羹鱸膾 銀絲雪縷105)
爲 羊酪豈勿參爲里古里106)

雪嶽東 洛山西 襄陽風景
降仙亭 祥雲亭 南北相望107)
騎紫鳳 駕紅鸞 佳麗神仙108)
爲 爭弄朱絃景 幾何如109)

---

98) 아 고운 모습이 나와 비슷합니다.
99) 술랑(術郞) 무리의 여섯 글자 붉은 글씨는. '육자단서(六字丹書)'는 삼일포의 남쪽
    작은 봉우리의 북쪽 절벽에 남아있는 '永郞徒南石行'이라는 글.
100) 아 만고천추에(오랜 세월에도) 오히려 분명합니다.
101) 선유담 영랑호 신청동 속. 선유담은 강원도 간성(杆城) 남쪽에 있는 못. 영랑호는
    간성 남쪽의 호수.
102) 푸른 연잎이 있는 물가, 푸른 옥 같은 봉우리, 바람에 날리는 안개 십 리(里).
103) 향긋한 향내 비취빛 푸른 유리 같은 수면에.
104) 아 배를 띄우는 모습 그것이 어떠합니까?
105) 순채국과 농어회를 은실처럼 가늘고 눈처럼 희게 저며 놓았으니. 진(晋)나라 장한
    (張翰)이 고향의 명물인 순채국과 농어회를 못 잊어 벼슬을 버리고 고향에 돌아간
    고사로, 고향을 잊지 못하고 생각하는 정을 이름.
106) 아 양락(羊酪) 그 무엇에 쓰겠는가? '양락'이란 양젖을 써서 만든 별미.
107) 강선정 상운정이 남북으로 서로 바라보고. 강선정은 양양 북쪽에 있는 정자. 상운정
    은 양양 남쪽에 있는 정자.
108) 붉은 봉황을 타고 붉은 난새를 탄 듯 아름다운 신선.
109) 아 다투어 주현을 타는 모습 그것이 어떠합니까?

高陽酒徒 習家池館110)

爲 四節 遊伊沙伊多111)

三韓禮義 千古風流 臨瀛古邑112)

鏡浦臺 寒松亭 明月淸風113)

海棠路 菡萏池 春秋佳節114)

爲 遊賞景 幾何如爲尼伊古115)

燈明樓上 五更鍾後116)

爲 日出景 幾何如

五十川 竹西樓 西村八景117)

翠雲樓 越松亭 十里靑松118)

吹玉簽 弄瑤琴 淸歌緩舞119)

爲 迎送佳賓景 何如120)

---

110) 고양지(高陽池)의 술꾼, 습가지(習家池)의 집처럼. 고양지는 중국 호북성에 있는
   연못인데, 진나라의 산간(山簡)이 이곳에 진무사(鎭撫使)로 부임해 있는 동안 전한
   (前漢) 때 이 곳 고양(高陽)의 술꾼이었던 여이기(酈耳其)의 고사(故事)를 빌려 명명
   한 것임. 습가지는 진나라 사람 습욱(習郁) 일가가 살던 곳으로, 아름다운 정원과
   연못이 있었다고 함.
111) 아 사시사철 노니사이다(놀아 봅시다).
112) 삼한의 예의와 천고의 풍류가 남아 있는 강릉 옛 고을. 임영(臨瀛)은 강릉의 옛
   이름.
113) 경포대 한송정의 밝은 달과 맑은 바람. 경포대는 강릉 동북쪽에 있는 호수. 한송정
   은 강릉 동쪽에 있는 정자.
114) 해당화 핀 길, 연꽃 핀 연못, 봄·가을 좋은 시절에.
115) 노닐며 감상하는 모습 그것이 어떻습니까?(어떠합니까?)
116) 등불 밝힌 누대 위에서 오경의 종소리 들린 후.
117) 오십천(五十川), 죽서루(竹西樓) 서촌 팔경(西村八景). 오십천은 삼척(三陟)에 있는
   강으로, 죽서루를 지나 삼척포로 빠져 나감. 물이 마흔아홉 번 휘돌아 나가 붙여진
   이름. 죽서루 서촌 팔경이란 삼척 죽서루 부근의 경치가 아름다운 여덟 곳을 이름.
118) 취운루(翠雲樓)와 월송정(月松亭)의 십리의 푸른 솔. 취운루는 울진군 남쪽에 있는
   누대. 월송정은 평해군 동쪽에 있는 정자.
119) 옥피리 불고 옥가야금 타며 청아한 노래에 느리게 춤추며.

望槎亭上 滄波萬里121)

爲 鷗伊鳥 藩甲豆斜羅122)

江十里 壁千層 屛圍鏡澈123)

倚風巖 臨水穴 飛龍頂上124)

傾綠蟻 聳氷峯 六月淸風125)

爲 避署景 幾何如126)

朱陳家世 武陵風物127)

爲 傳子傳孫景 幾何如128)

(『근재집(謹齋集)』)

---

120) 아 아름다운(정다운) 손님 맞고 보내는 모습 그것이 어떻습니까?(어떠합니까?)
121) 망사정 위에서 창파 만리 바라보면. 망사정은 평해군 남쪽에 있는 정자.
122) 아 갈매기가 반갑구나.
123) 강 십 리 절벽 천 층이 맑은 호수를 에워싸고. 정선의 경치를 묘사한 듯.
124) 풍암(風巖)에 기대고 수혈(水血)에 임한 비룡 정상. 풍암은 대음산 바위 사이에
　　 있음. 수혈은 정선 대음리(大陰里)에 있는 샘물.
125) 좋은 술 기울이고 용빙봉에서 불어오는 유월의 맑은 바람에.
126) 아 더위를 피하는 모습 그것이 어떠합니까?
127) 주씨(朱氏)와 진씨(陳氏)의 두터운 세의(世宜). 중국 서주(西州)의 주진촌(朱陳村)에
　　 주씨와 진씨만 살며 대대로 혼인하여 화목하게 산 데서 붙여진 것.
128) 아 자손 대대로 전하는 모습 그것이 어떠합니까?

(3) 죽계별곡(竹溪別曲)129)

竹嶺南 永嘉北 小白山前130)

千載興亡 一樣風流 順政城裏131)

他代無隱 翠華峯132) 天子藏胎133)

爲釀作中興景 幾何如134)

淸風杜閣 兩國頭御135)

爲 山水淸高景 幾何如136)

宿水樓 福田臺 僧林亭子137)

草庵洞 郁錦溪 聚遠樓上138)

半醉半醒 紅白花開 山雨裏良139)

爲 遊興景 幾何如140)

高陽酒徒 珠履三千

---

129) 안축이 고향인 순흥 죽계의 승경을 노래한 것. 죽계(竹溪)는 지금의 경상북도 풍기
　　에 있는 시내 이름.
130) 죽령 남쪽, 영가 북쪽, 소백산 앞. 죽령은 경북 풍기군 서쪽에 있는 고개. 영가는
　　안동(安東)의 옛 이름.
131) 천 년의 흥망(興亡)에도 한결같은 풍류를 지닌 순정성(順政城) 안. 순정성은 순흥(順
　　興)의 옛 이름.
132) 다른 곳 아닌(다른 데 없는) 취화봉에.
133) 충렬, 충숙, 충목 세 왕의 태(胎)를 묻은 곳. 소백산의 경원봉(慶元峯)에는 충숙왕,
　　초암동(草庵洞)에는 충렬왕, 욱금동(項錦洞)에는 충목왕의 태를 안치했음.
134) 아 고을을 중흥시킨 모습 그것이 어떠합니까?
135) 청풍두각(淸風杜閣)은 청백리를 배출한 훌륭한 집안. 양국두어(兩國頭御)는 고려와
　　원(元) 나라에서 과거에 급제하여 벼슬을 지낸 것.
136) (소백)산 높고 (죽계수) 물 맑은 풍경 그것이 어떠합니까?
137) 숙수사의 누각, 복전사의 누대, 승림사의 정자. 숙수사는 소백산에 있던 절.
138) 초암동(草庵洞) 욱금계(項錦溪) 취원루(聚遠樓) 위에서. 욱금계는 소백산에 있는
　　골짜기.
139) 반쯤 취하고 반쯤은 깨어, 붉고 하얀 꽃이 피고 산비 오는 가운데.
140) 아 흥겹게 노니는 모습 그것이 어떠합니까?

爲 携手相遊景 幾何如

彩鳳飛 玉龍盤 碧山松麓141)

低筆峯 硯墨池 齊隱鄉校142)

心趣六經 志窮千古 夫子門徒143)

爲 春誦夏絃景 幾何如144)

年年三月 長程路良145)

爲 呵喝迎新景 幾何如146)

楚山曉 小雲英 山苑佳節147)

花爛熳 爲君開 柳陰谷148)

忙待重來 獨倚欄干 新鶯聲裏149)

爲 一朵紅雲 綠垂未絶150)

天生絶艷 小紅時151)

---

141) 채봉(彩鳳)이 날아오르고 옥룡(玉龍)이 서린 것 같은 푸른 산 소나무 숲.
142) 지필봉(紙筆峯)과 연묵지(硯墨紙)를 갖춘 향교(鄉校). 저필봉은 순흥 향교 부근의 봉우리. 연묵지는 순흥 향교 부근의 연못.
143) 마음은 육경(六經)에 심취하고 뜻은 천고(千古)를 궁구하는 유가의(공자의) 문도들이. 육경은 『시경(詩經)』, 『서경(書經)』, 『역경(易經)』, 『예기(禮記)』, 『춘추(春秋)』, 『악기(樂記)』.
144) 아 봄에 읊고 여름에는 거문고를 타는 모습 그것이 어떠합니까? 춘송하현(春誦夏弦)은 봄에는 가악(歌樂)의 편장(篇章)을 읊고 여름에는 거문고를 탄다는 말로, 곧 학문을 닦는다는 말.
145) 매년 3월이면 긴 노정에(긴 공부 시작할 때).
146) 아 큰 소리치며 새로운 사람을 맞는 모습 그것이 어떠합니까?
147) 초산(楚山)이 밝고 구름이 빛나 산원(山苑)이 아름다운 시절에. 초산효, 소운영은 화초 이름(임기중)이나 기생 이름(조규익)으로 봄.
148) 꽃이 난만히 그대 위해 핀 버드나무가 우거진 골짜기에.
149) 바삐 거듭 오기를 기다려 홀로 난간에 기대어 새 봄의 꾀꼬리 소리 속에.
150) 아 한 송이 녹색 구름이 드리워져 다하지 않네.
151) 하늘이 빼어나게 고운 담홍빛을 만들어낸 때에(아름다운 꽃들이 조금씩 붉어질 때면).

爲 千里相思 又奈何152)

紅杏紛紛 芳草萋萋 樽前永日153)

綠樹陰陰 畵閣沈沈 琴上薰風154)

黃國丹楓 錦繡春山 鴻飛後良155)

爲 雪月交光景 幾何如156)

中興聖代 長樂大平157)

爲 四節 遊是沙伊多158)

(『근재집(謹齋集)』)

---

152) 아 천 리(里)의 님 생각을 또한 어찌하리오.
153) 붉은 살구꽃 어지러이 날고, 향긋한 풀 우거지고, 술동이 앞에 해는 긴데.
154) 푸른 나무 우거져 그늘 깊고, 화려한 누각 고요하며, 거문고 위에는 향기로운 바람.
155) 노란 국화 붉은 단풍, 비단 같은 봄 산, 큰 기러기 날아간 뒤에.
156) 아 눈빛 달빛 서로 비추는 모습 그것이 어떠합니까?
157) 중흥 성대에 태평(太平)을 길이 누리며.
158) 아 사철 놀아 봅시다.

2. 악 장

(1) 용비어천가(龍飛御天歌)

海東六龍159)이 ᄂᆞᄅᆞ샤160) 일마다 天福161)이시니
古聖162)이 同符163)ᄒᆞ시니   〈제1장〉

불휘 기픈 남ᄀᆞᆫ ᄇᆞᄅᆞ매 아니 뮐씨164) 곳 됴코 여름 하ᄂᆞ니165)
시미 기픈 므른 ᄀᆞ므래166) 아니 그츨씨167) 내히 이러 바ᄅᆞ래
가ᄂᆞ니   〈제2장〉

狄人ㅅ서리예168) 가샤 狄人이 ᄀᆞᆯ외어늘169) 岐山170) 올ᄆᆞ샴
도171) 하ᄂᆞᆳ 뜨디시니172)

---

159) 해동 육룡 : 해동은 조선. 육룡은 조선조의 육조(六祖), 즉 목조(穆祖)·익조(翼祖)·
    도조(度祖)·환조(桓祖)·태조(太祖)·태종(太宗).
160) 응비하시어.
161) 천복 : 하늘이 내려 주신 복.
162) 고성 : 중국의 옛 성군(聖君).
163) 동부 : 딱 들어맞아 어긋남이 없으니.
164) 흔들리므로. 움직이므로.
165) 열매가 많으니.
166) 가뭄에.
167) 그치지 않으므로.
168) 적인ㅅ서리예 : 북쪽에 사는 오랑캐의 사이에.
169) 침범하거늘.
170) 기산 : 중국 섬서성 봉산부(鳳山府) 기산현(岐山縣) 동쪽에 있는 산으로 주나라
    개국의 터전이 됨.
171) 옮기심도. 이주하심도.
172) 하늘의 뜻이시니. 주나라 제업(帝業)을 일으킨 원조(遠祖) 공유(公劉)가 빈곡에 터전
    을 닦고, 그 9세손 고공단보(古公亶夫)가 그 업을 잇고 있었는데, 적인(狄人)이 침범
    하여 피폐(皮弊)·대마(大馬)·주옥(珠玉)을 주었는데도 계속 침범하였다. 그리하
    여 대왕이 빈곡을 떠나 기산 밑에 가 살게 되었는데 이때 빈곡 백성이 그의 덕을

野人173) ㅅ서리예 가샤 野人이 골외어늘 德源174) 올모샴도 하눓
뜨디시니175)   〈제4장〉

블근 새 그를 므러 寢室 이페176) 안즈니 聖子革命177)에 帝祜178)
를 뵈ᅀᆞᄫᅵ니179)

ᄇᆞ야미 가칠 므러 즘겟 가재 연즈니180) 聖孫181) 將興에 嘉祥이
몬졔시니182)   〈제7장〉

사모하여 모두 대왕을 따랐다.

173) 야인 : 오랑캐. 여진족. 야인(野人)은 우리나라 북쪽에 살고 있던 오랑캐의 통칭.

174) 함경남도의 고을 이름.

175) 목조가 경흥(慶興)에서 원(元)의 벼슬을 하고, 여진족 천호(千戶)들과 잘 지냈는데, 그 아들 익조 때에 가서는 위덕이 더욱 성했다. 이에 야인들이 시기하여 죽이려 하므로 익조는 경흥부 동쪽 60여 리에 있는 적도(赤島)로 피했다가 다시 덕원부로 옮겨 갔는데, 경흥의 백성들이 많이 따라 시장을 이루듯 하였다.

176) 문(門)에. 지게문에.

177) 성자는 주(周)나라 무왕(武王). 주나라 무왕이 은(殷)의 주왕(紂王)을 치고 혁명을 일으키려 함.

178) 하느님이 주신 복. 천복(天福).

179) 주나라 문왕이 즉위할 때 천명을 받은 표시로 붉은 새가 단서(丹書)를 물고, 문왕 침실문에 앉았다. 글의 내용은 다음과 같다. "공경함이 게으름을 이기면 길하고, 게으름이 공경함을 이기면 멸한다. 의가 욕심을 이기는 자는 창성하고 욕심이 의를 이기는 자는 흉하다. 무릇 모든 일을 억지로 하지 않으면 올바르지 않음이 없고, 공경하지 않으면 바르지 못하니, 올바르지 않은 사람은 멸하고 공경하는 자는 만세에 이를 것이다. 인으로써 얻고 인으로써 지키면 백세를 누릴 것이고, 불인으로 얻고 인으로써 지킨다면 십세를 누릴 것이며, 불인으로써 얻고 불인으로써 지킨다면 당대에도 미치지 못할 것이다(敬勝怠者吉 怠勝敬者滅 義勝欲者從 欲勝義者凶 凡事不强則不枉 不敬則不正 枉者廢滅 敬者萬世 以仁得之 以仁守之 其量百世 以不仁得之 以仁守之 其量十世 以不仁得之 以不仁守之 不及其世)."

180) 큰 나무 가지에 얹으니.

181) 이성계를 가리킴.

182) 도조(度祖)가 행영(行營)에 있을 때 두 마리 까치가 영중(營中)의 큰 나무에 앉았다. 도조가 이를 쏘려 할 때, 거리가 수 백보나 되어 휘하(麾下) 사람들이 모두 맞히기 어렵다고 했는데, 활을 쏘니 두 마리가 땅에 함께 떨어졌다. 그 재주도 신기하고, 바로 그때 큰 뱀이 이것을 물어다 다른 나뭇가지에 올려놓고 먹지 않아 사람들이 더욱 신기하게 생각해서 노래를 지어 불렀다.

말씀을183) 슬ᄫᅵ리184) 하디 天命을 疑心ᄒ실씨 꾸므로 뵈아시
니185)

놀애롤186) 브르리 하디 天命을 모ᄅᆞ실씨 꾸므로 알외시니187)
〈제13장〉

하늘히 일워시니188) 赤脚仙人 아닌들 天下蒼生을 니ᄌᆞ시리잇
가189)

하늘히 굴히이시니190) 누비즁 아닌들 海東黎民을 니ᄌᆞ시리잇
가191)
〈제21장〉

183) 말씀을. 무왕에게 은나라 주왕을 치라는 말씀을.
184) 사뢰는 사람이.
185) 무왕이 즉위하여 관병(觀兵)할 때 제후 8백 명이 은나라 주왕을 쳐야 한다고 했으나,
무왕은 천명을 알 수 없다 하여 돌아왔다. 2년 뒤 주왕의 폭정이 심해져 무왕이
꿈과 점괘로 판단하여 군대를 일으켰다.
186) 노래를. <목자득국(木子得國)>이라는 노래.
187) 이성계가 위화도에서 회군할 무렵, "서경성 밖은 불빛이요, 안주성 밖은 연기로다.
그 사이를 이원수가 다니시니 원컨대 우리 백성을 구제해 주십시오(西京城外火色
安州城外烟光 往來其間李元帥 願言救濟黔蒼)."라는 노래와 <목자득국>이라는 노
래가 있어 휘하 사람들이 왕위에 오르기를 청하였는데, 태조는 천명을 모른다 하며
돌아갔다. 꿈에 신인(神人)이 나와 금자(金尺)를 내어주며, "공은 문무를 겸비하고
백성의 명망이 높으니 이 자를 가지고 나라를 바로 잡으라."고 하여 결심하게 되었다.
188) 이루었으니.
189) 송나라 진종이 후사(後嗣)가 없어 상제(上帝)께 기도하니 상제가 여러 선인(仙人)들
을 모아 놓고 세상으로 내려갈 사람을 물어 보았으나 아무도 가려고 하지 않았다.
그런데 적각선인이 홀로 한 번 웃었으므로 상제가 내려가 진종의 아들이 되기를
명하였으니 이가 곧 인종(仁宗)이다. 이렇게 송나라는 하늘에서 이미 천하를 맡게
하신 것이니 적각선인이 아니라도 후사를 이어 송나라 사직을 끊게 하지는 않았을
것이라는 내용.
190) 가리었으니(擇).
191) 익조가 정숙왕후(貞淑王后)와 더불어 강원도 낙산(洛山) 관음굴(觀音屈)에서 후사
를 빌었더니 한 누비중이 "반드시 귀한 아들을 낳을 것이니, 그 이름을 선래(善來)라
고 하라."고 하였다. 그런 뒤 얼마 안 되어 도조(度祖)를 낳으니 어렸을 때 이름을
선래라고 하였다. 이렇게 누비중이 일러 주지 않았다고 해도 하늘은 후사를 끊게
하지는 않았을 것이라는 내용.

玄武門 두 도티192) 흔 사래 마즈니 希世之事를 그려 뵈시니이
다193)

졸애山194) 두 놀이195) 흔 사래 뻬니196) 天縱之才197)를 그려사
아슥 볼까198)   〈제43장〉

굴허199)에 무를 디내샤200) 도즈기 다 도라가니 반길 노핀들 년
기201) 디나리잇가202)

石壁203)에 무를 올이샤204) 도즈글 자부시니 현번205) 뛰운들
느미 오르리잇가206)   〈제48장〉

192) 돼지.
193) 당나라 현종(玄宗)이 사냥하다가 현무북문(玄武北門)에서 한 화살로 두 산돼지를
    넘어뜨렸는데, 그 모양을 위무실(韋無悉)에게 명하여 그림으로 그렸다.
194) 조포산(照浦山). 홍원현(洪原縣) 북쪽에 있음.
195) 노루.
196) 꿰이니.
197) 하늘이 주신 재주.
198) 이태조가 홍원(洪原)의 졸애산에서 사냥할 때 노루 두 마리를 한 화살에 꿰었다.
    당나라 현종처럼 그림으로 그리지는 않았으나 그 재주를 누구나 다 알 것이라는
    내용.
199) 깊게 패인 곳(深巷).
200) 지나게 하시어.
201) 남이. 다른 사람이.
202) 금나라 태조가 한 번은 군영(軍營)을 나서 적을 많이 죽이고 돌아올 때, 적이 많은
    군사로써 뒤쫓았다. 마침 막다른 길에 이르러 한 길이나 되는 높은 언덕을 뛰어
    넘어가니 따라오던 적이 돌아가 버렸다.
203) 절벽.
204) 오르게 하시어.
205) 몇 번.
206) 고려 우왕(禑王) 때 왜적(倭賊)이 이태조에게 쫓기어 산으로 올라가서 절벽 위에서
    칼을 뽑고 창을 세웠다. 태조는 비장(裨將)과 태종(太宗)을 보내었으나 도무지 올라
    갈 수 없다고 하여 자신이 칼등으로 말을 쳐서 한달음에 오르니 군사들이 뒤쫓아서
    적을 섬멸하였다.

세 살로 세 샐 쏘시니 府中207)엣 遼使208) ㅣ 奇才를 과ᄒᆞᅀᄫ
니209)

ᄒᆞᆫ 살로 두 샐 쏘시니 긼ᄀᆞᆺ 百姓이 큰 功을 일우ᅀᄫ니210)
〈제57장〉

天倫을 姦臣이 ᄒᆞᅀᄫᅡ211) 中土心得212)다 ᄒᆞᆫ들 賢弟를 매213)
니ᄌᆞ시리214)

天意를 小人이 거스러 親王兵215)을 請ᄒᆞᆫ들 忠臣을 매 모ᄅᆞ시
리216)
〈제74장〉

아바님 이받ᄌᆞᄫᆯ제217) 어마님 그리신 눉므를 左右ㅣ 하ᅀᄫᅡ 아

---

207) 한나라 재상의 집.
208) 요나라 사신.
209) 칭찬하시니. 금나라 태조가 나이 겨우 열다섯에 활을 잘 쏘았다. 요나라 사신이
부중에 앉았다가 태조에게 새를 쏘아보라 하니 잇대어 세 살을 쏘아서 다 맞히니
사신이 매우 감탄하였다.
210) 이태조가 여진인 호발도(胡拔都)를 물리치고 돌아오는 길에 안변에 이르러 비둘기
두 마리가 나무에 앉아있는 것을 보고 한 화살로 두 마리를 떨어뜨렸다. 그때 길가
에서 김을 매던 한충(韓忠)과 김인찬(金仁贊)이 이를 보고 찬탄하여 태조를 따라서
개국공신의 열(列)에 참예하였다.
211) 참소하여.
212) 중원(中原)의 민심을 얻는 것.
213) 어찌. 왜.
214) 원나라 헌종(憲宗) 때 그 아우 세조(世祖)가 중원(中原)을 얻고 싶어한다 하고 권력을
남용하여 사리(私利)를 탐한다 하니, 헌종이 이를 믿고 세조를 파(罷)하고 아란탈로
하여금 진촉(秦蜀)의 일을 보게 하였다. 세조는 이미 헌종의 의심을 받고 또 아란탈
에게 휘몰려 몸둘 바를 몰라하다가, 요추(姚樞 : 세조 때의 한림학사)의 말을 듣고
입조(入朝)하여 현종을 뵙고 눈물을 지으니 형제의 의가 예전과 다름없었다.
215) 천자의 군대.
216) 고려 공양왕 때 파평군(坡平君) 윤이(尹彛)와 중랑장(中郎將) 이초(李初)가 명나라에
가서 "이성계가 왕요(王瑤 : 공양왕의 본명)를 세워 왕을 삼고, 군사를 일으켜 명나
라를 치려 하니, 친왕의 군사를 보내어 정토(征討)하라."고 하였다. 그러나 천자(天
子)는 이태조의 충심을 알고 있었으므로 그것이 무고(誣告)라 하여 믿지 않았다.
217) 잔치로 공궤(供饋)할 때.

바님 노ᄒᆞ시니²¹⁸⁾

아바님 뵈ᅀᆞᆸᅌᅵᆯ싫제²¹⁹⁾ 어마님 여희신 눖므를 左右ㅣ 쓸ᄊᆞᄫᅡ²²⁰⁾

아바님 일ᄏᆞᄅᆞ시니²²¹⁾　　　　　　　　　　　　　〈제91장〉

믈 우흿 龍이 江亭을 향ᄒᆞᅀᆞᄫᅵ니²²²⁾ 天下ㅣ 定홀 느지르샷다²²³⁾

집 우흿 龍이 御床을 향ᄒᆞᅀᆞᄫᅵ니 寶位 ᄐᆞ실 느지르샷다²²⁴⁾

　　　　　　　　　　　　　　　　　　　　〈제100장〉

四祖²²⁵⁾ㅣ 便安히 몯 겨샤 현 고ᄃᆞᆯ²²⁶⁾ 올마시ᇇ뇨 몃間ㄷ 지븨

사ᄅᆞ시리잇고²²⁷⁾

---

218) 당 태종이 궁중에서 고조(高祖)를 모시고 잔치할 때 죽은 모후(母后)를 생각하여 눈물을 흘리니 조조의 총희(寵姬)들이 저희를 미워하여 우는 것이라고 참소하여 고조가 아들에게 매우 노했다.

219) 뵈오실 때.

220) 슬퍼하여.

221) 태종이 모후인 신의왕후(神懿王后)의 상(喪)을 당하여 능 앞에 여막(廬幕)을 짓고 있다가 태조를 뵈러 서울에 들 때는 길에서 눈물을 그치지 않았다. 또 태조의 저택에 이르러 느낀 바 있으면 통곡하니 좌우가 다 슬퍼하였고 태조는 항상 그 효성을 칭찬하였다.

222) 향하오니.

223) 조짐이로다. 징조로다. 송(宋) 태조(太祖) 조광윤(趙匡胤)이 주나라 세종을 따라 회남(淮南)으로 나아가 강정(江亭)에서 싸울 때, 용이 수중에서 광윤을 향하여 뛰어 오르니 모두 놀랍게 여기고, 장차 임금이 될 징조라고 하였다.

224) 태종이 송도(松都) 추동(楸洞)에 있을 때, 기묘년(定宗 元年) 9월 어느날 새벽에 한 용이 침실 위에 나타나서 머리를 바로 태종이 있는 곳으로 향하였는데, 시녀 김씨 등이 보았다.

225) 목조·익조·도조·환조.

226) 몇 곳을.

227) 목조가 전주에서 살 때 관기(官妓) 사건으로 강원도 삼척에 가서 살게 되었다. 거기서도 어려워 바다 건너 함길도(咸吉道) 덕원(德源)으로 가서 원나라에 귀화한 후 다시 경흥부(慶興府) 동쪽 요동에 가서 살게 되었다. 원에서는 목조에게 오천호소(五千戶所) 다루하치(達魯花赤)의 벼슬을 주었는데 민심이 목조에게 돌아갔다. 익조 때 그 위덕이 더욱 성하니 야인들이 시기하여 익조를 죽이려 하므로 익조는 경흥부 동쪽 60여 리에 있는 적도(赤島)로 피신하여 살다가 다시 덕원으로 옮겨가

九重228)에 드르샤 太平을 누리싫제 이 ᄠᅳ들 닛디 마ᄅᆞ쇼셔
〈제110장〉

千世 우희 미리 定ᄒᆞ샨 漢水北229)에 累仁開國230)ᄒᆞ샤 卜年231)
이 ᄀᆞᆺ업스시니232)
聖神233)이 니ᅀᅳ샤도234) 敬天勤民235)ᄒᆞ샤ᅀᅡ 더욱 구드시리이
다236)
님금하 아ᄅᆞ쇼셔 洛水예 山行237) 가이셔 하나빌238) 미드니잇
가239)   〈제125장〉

니 경흥의 백성들이 많이 따라 시장을 이루듯 하였다.
228) 궁궐.
229) 한수북 : 한강 북쪽, 즉 한양(漢陽).
230) 누인개국 : 어진 덕을 쌓아 나라를 엶.
231) 복년 : 하늘이 주신 왕조의 운수(운명).
232) 끝이 없으시니.
233) 성신 : 위대한 후대의 왕. 성자신손(聖子神孫)의 준말.
234) 이으셔도. 계승하셔도.
235) 경천근민 : 하늘을 공경하고 백성을 부지런히 보살피셔야.
236) 굳으실 것입니다.
237) 산행 : 사냥
238) 할아버지를. 조상을. 여기서는 하(夏)나라 우왕(禹王)을 가리킴.
239) 믿었습니까? 하(夏)나라 우왕(禹王)의 손자 태강왕(太康王)이 임금으로 있으면서도
    나라를 다스리지 않고 놀이를 일삼으니, 백성이 모두 딴 마음을 먹었다. 또한 사냥
    에 절도가 없어서 낙수 밖에 사냥간 지 백일이 넘어도 돌아오지 않으므로 궁후(窮
    后) 예(羿 : 하나라의 제후로 弓術의 名人)가 백성을 위해 하북(河北)에서 태강을
    막아 돌아오지 못하게 하고 이를 폐(廢)하였다.

(2) 감군은(感君恩)

상진(尙震)[240]

四ᄉ海히 바닷 기픠ᄂᆞᆫ 닫줄로 자히리어니와[241]
님의 德덕澤틱 기픠ᄂᆞᆫ 어ᄂᆡ 줄로 자히리잇고
享향福복無무彊강ᄒᆞ샤[242] 萬만歲셰를 누리쇼셔
享향福복無무彊강ᄒᆞ샤 萬만歲셰를 누리쇼셔
一일竿간明명月월이[243] 亦역君군恩은이샷다.

泰태山산이 높다 컨마ᄅᆞᄂᆞᆫ 하ᄅᆞᆯ 해 몬 밋거니와
님의 놉ᄑᆞᆫ 恩은과 德덕과ᄂᆞᆫ 하늘ᄀᆞ티 노ᄑᆞ샷다
享향福복無무彊강ᄒᆞ샤 萬만歲셰를 누리쇼셔
享향福복無무彊강ᄒᆞ샤 萬만歲셰를 누리쇼셔
一일竿간明명月월이 亦역君군恩은이샷다.

四ᄉ海히 넙다흔 바다흔 舟쥬楫즙이면 건너리어니와
님의 너브샨 恩은澤틱을 此ᄎ生싱애 갑소오릿가
享향福복無무彊강ᄒᆞ샤 萬만歲셰를 누리쇼셔
享향福복無무彊강ᄒᆞ샤 萬만歲셰를 누리쇼셔
一일竿간明명月월이 亦역君군恩은이샷다.

一일片편丹단心심쟨을 하늘하 아ᄅᆞ쇼셔

---

240) 상진(1493-1594) : 조선 중기의 문신. 자는 기부(起夫), 호는 범허정(泛虛亭) · 송현(松
   峴) · 향일당(嚮日堂).
241) 재려니와. 잴 것이거니와.
242) 복을 누리심이 끝이 없으시어. 영원무궁토록 복을 받으시어.
243) 한 자루 낚싯대를 드리우고 달빛을 즐기는 한가로운 생활.

白백骨골糜미粉분인들[244] 丹단心심이쏜 가시리잇가[245]

享향福복無무彊강ᄒᆞ샤 萬만歲셰를 누리쇼셔

享향福복無무彊강ᄒᆞ샤 萬만歲셰를 누리쇼셔

一일竿간明명月월이 亦역君군恩은이샷다.

(『악장가사』)

(3) 신도가(新都歌)

정도전(鄭道傳)[246]

녜ᄂᆞᆫ 楊양州쥬 꼬올히여[247]

디위예[248] 新신都도形형勝승 이샷다

開ᄀᆡ國국聖셩王왕이 이 聖셩代ᄃᆡ를 니르어샷다[249]

잣다온뎌[250] 當당今금景경 잣다온뎌

聖셩壽수萬만年년ᄒᆞ샤 萬만民민의 咸함樂락이샷다

아으 다롱다리

알픈 漢한江강水슈여 뒤흔 三삼角각山산이여

德덕重듕ᄒᆞ신 江강山산 즈으메[251] 萬만歲셰를 누리쇼셔

(『악장가사』)

---

244) 백골이 부서져 가루가 되더라도(된들).

245) 변하겠습니까. 없어지겠습니까.

246) 정도전(1377-1398) : 조선 개국공신. 자는 종지(宗之), 호는 삼봉(三峰). 저서로 『삼봉
집(三峰集)』, 『불씨잡변(佛氏雜辨)』 등이 있고, 악장으로는 <정동방곡(靖東方曲)>,
<문덕곡(文德曲)> 등이 있음.

247) 옛적에는 양주에 속한 고을이여.

248) 경계에. 지경에.

249) 일으키시었도다.

250) 도성답구나.

251) 즈음에. 사이에.

Ⅵ. 시 조

1. 고려 말과 조선 전기의 시조

우탁(禹倬)[1]

훈 손에 가싀를 쥐고 또훈손에 매를 들고
늙는 길은 가싀로 막고 오는 白髮은 매로 칠엿튼이
白髮이 눈치 몬져 알고 즐엄길로 오건야　　　　〈2270〉[2]

靑山에 눈 노긴 브람 거듯[3] 불고 간듸 업다
잠간 비러다가 불리고쟈 마리우희
귀밋틱 희무근 서리를 노겨 볼가 호노라　　　　〈2060〉

이조년(李兆年)[4]

梨花에 月白호고 銀漢[5]이 三更인제
一枝春心[6]을 子規ㅣ야 아라마는
多情도 병이냥호여 좀못드러 호노라　　　　〈1700〉

---

1) 우탁(1263-1343) : 자는 천장(天章) · 탁보(卓甫), 호는 역동(易東).
2) 정병욱편, 『시조문학사전』(신구문화사, 1966)의 작품 번호임.
3) 얼핏.
4) 이조년(1269-1343) : 자는 원로(元老), 호는 매운당(梅雲堂).
5) 은한 : 은하수.
6) 일지춘심 : 한 가지에 어린 봄뜻.

이존오(李存吾)[7]

구룸이 無心탄 말이 아마도 虛浪[8]ᄒ다
中天에 써이셔 任意 든니며셔
구틱야 光明ᄒᆫ 날빗츨 싸라가며 덥ᄂ니　　　　　　〈224〉

최영(崔瑩)[9]

綠耳霜蹄[10] 술지게 먹여 시ᄂᆡᄃ물에 싯겨ᄐ고
龍泉雪鍔[11]을 들게 갈아 두러메고
丈夫의 爲國忠節을 세워볼ᄀ가 ᄒ노라　　　　　　〈494〉

정몽주(鄭夢周)[12]

이몸이 주거주거 一百番 고쳐 주거
白骨이 塵土ㅣ 되여 넉시라도 잇고 업고
님向ᄒᆫ 一片丹心이야 가싈줄이 이시랴　　　　　　〈1666〉

---

7) 이존오(1341-1371) : 자는 순경(順卿), 호는 석탄(石灘). 1366년 우정언(右正言)으로
　　신돈의 횡포를 탄핵했다가 도리어 좌천된 후 공주(公州) 석탄에서 신돈의 횡포를
　　개탄하다 나이 서른 한 살에 죽음.
8) 허랑 : 언행이 허황하고 착실하지 못함.
9) 최영(1316-1388) : 고려 평장사(平章事) 유청(惟淸)의 오대손(五代孫), 원직(元直)의
　　아들. 이성계의 위화도 회군을 막으려다가 실패하고 창왕(昌王)이 즉위한 뒤에 고봉
　　(高峰)으로 유배되어 죽음.
10) 녹이상제 : 녹이와 상제. 모두 준마를 이름.
11) 용천설악 : 용천은 보검의 이름. 설악은 날카로운 칼날.
12) 정몽주(1337-1392) : 자는 달가(達可), 호는 포은(圃隱). 강설(講說)과 의표(意表)가 뛰
　　어나 모든 선비의 존경을 받았고, 이색이 극찬하여 동방이학(東方理學)의 원조라
　　했음. 저서로 『포은집(圃隱集)』이 있음.

정몽주 모씨(母氏)

가마귀 싸호는 골에 白鷺ㅣ야 가지마라
셩낸 가마귀 흰빗츨 새올셰라[13]
淸江에 잇것[14] 시슨 몸을 더러일가 ᄒ노라　　　　〈18〉

이방원(李芳遠)[15]

이런들 엇더ᄒ며 뎌런들 엇더ᄒ료
萬壽山[16] 드렁츩이 얼거진들 엇더ᄒ리
우리도 이ᄀ치 얼거져 百年ᄭ지 누리리라　　　　〈1641〉

이색(李穡)[17]

白雪이 ᄌᆞ자진 골에 구루미 머흐레라
반가온 梅花는 어늬 곳에 피엿는고
夕陽에 홀로 셔 이셔 갈곳 몰라 ᄒ노라　　　　〈890〉

길재(吉再)[18]

五百年 都邑地[19]를 匹馬로 도라드니
山川은 依舊ᄒ되 人傑은 간듸 업다
어즈버 太平烟月이 쑴이런가 ᄒ노라　　　　〈1501〉

---

13) 시기할셰라.
14) 기껏. 흡족하게.
15) 이방원(1367-1422) : 태종. 이태조의 5남. 아버지 이성계(李成桂)를 따라 조선 건국에
　　큰 공을 세웠고 1392년 건국하자 정안군(靖安君)에 봉해짐.
16) 만수산 : 개성 서문 밖에 있는 산.
17) 이색(1328-1396) : 자는 영숙(穎叔), 호는 목은(牧隱).『목은집』 55권이 있음.
18) 길재(1353-1419) : 자는 재부(再父), 호는 야은(冶隱)·금오산인(金烏山人).
19) 오백년 도읍지 : 고려 오백년 도읍지인 개성.

원천석(元天錫)[20]

興亡이 有數[21]ᄒ니 滿月臺도 秋草ㅣ로다
五百年 王業이 牧笛에 부쳐시니
夕陽에 지나는 客이 눈물계워 ᄒᄃ라   〈2371〉

정도전(鄭道傳)[22]

仙人橋[23] 나린 물이 紫霞洞[24]에 흐르르니
半千年 王業이 물ᄅ소릐 쑌이로다
兒禧야 古國興亡을 무러 무엇 ᄒ리요   〈1146〉

변계량(卞季良)[25]

내히 죠타ᄒ고 ᄂᆞ슬흔일 ᄒ지말며
ᄂᆞ이 흔다하고 義아니면 좃지말니
우리는 天性을 직희여 삼긴대로 ᄒ리라   〈453〉

---

20) 원천석(?-?) : 자는 자정(子正), 호는 운곡(耘谷). 이성계 일파가 정권을 쥐자 벼슬을
    사직하고 치악산에 은거함. 한시집 두 권이 남아 고려 말의 사적과 그의 충성된
    편모를 엿볼 수 있음.
21) 유수 : 운수에 매여 있음.
22) 정도전(?-1398) : 자는 종지(宗之), 호는 삼봉(三峰). 정총(鄭摠) 등과 『고려사(高麗史)』
    37권을 찬술하였고 이씨조선을 찬양한 <납씨가(納氏歌)>·<정동방곡(靖東方曲)>·
    <문덕곡(文德曲)>·<신도가(新都歌)> 등의 노래를 지음.
23) 선인교 : 개성 자하동에 있는 다리 이름.
24) 자하동 : 개성 송악산 기슭에 있는 고을 이름.
25) 변계량(1369-1430) : 자는 거경(巨卿), 호는 춘정(春亭).

이직(李稷)[26]

가마귀 검다ᄒ고 白鷺ㅣ야 웃지마라
것치 거믄들 속조차 거믈소냐
아마도 것 희고 속 검을슨 너ᄲᆞᆫ인가 ᄒ노라   〈15〉

맹사성(孟思誠)[27]

江湖에 봄이 드니 미친 興이 절로 난다
濁醪溪邊[28]에 錦鱗魚ㅣ 안주로다
이몸이 閒暇히옴도 亦君恩이샷다   〈100〉

江湖에 녀름이 드니 草堂에 일이 업다
有信ᄒ 江波는 보내ᄂ니 ᄇ람이다
이몸이 서늘히옴도 亦君恩이샷다   〈97〉

江湖에 ᄀᆞ을이 드니 고기마다 슬져 잇다
小艇[29]에 그믈 시러 흘리 ᄯᅴ여 더뎌 두고
이몸이 消日히옴도 亦君恩이샷다   〈95〉

江湖에 겨월이 드니 눈 기픠 자히 남다[30]
삿갓 빗기 쓰고 누역[31]으로 오슬 삼아
이몸이 칩지 아니히옴도 亦君恩이샷다   〈96〉

---

26) 이직(1362-1431) : 자는 우정(虞廷), 호는 형재(亨齋). 이조 개국 이후 이조판서를 거쳐
　　영의정이 됨.
27) 맹사성(1360-1438) : 자는 자명(自明), 호는 고불(古佛). 청백간소(淸白簡素)하며 고아
　　한 인품의 소유자였음.
28) 탁료계변 : 막걸리를 마시며 노는 강놀이.
29) 소정 : 작은 배.
30) 한 자가 더 되다.
31) 도롱이.

황희(黃喜)[32]

대쵸볼 불근 골에 밤은 어이 뜻드르며[33]
벼 븬 그르헤 게는 어이 누리는고
술 닉쟈 체 쟝수 도라가니 아니먹고 어이리   〈636〉

김종서(金宗瑞)[34]

朔風[35]은 나모긋틱 불고 明月은 눈속에 춘틱
萬里邊城[36]에 一長劒 집고 서서
긴 프람 큰 혼소릭에 거칠거시 업세라   〈1036〉

長白山[37]에 旗를 곳고 豆滿江에 물을 싯겨
서근 져 션븨야 우리 아니 수나희냐
엇덧타 獜閣畫像[38]을 누고 몬져 ᄒ리오   〈1786〉

박팽년(朴彭年)[39]

가마귀 눈비마자 희는 듯 검노믹라
夜光明月[40]이 밤인들 어두오랴
님向흔 一片丹心이야 고칠줄이 이시랴   〈17〉

---

32) 황희(1363-1452) : 자는 구부(懼夫), 호는 방촌(厖村). 도량이 넓어 모두 현상(賢相)이라
   찬양함.
33) 떨어지며.
34) 김종서(1390-1453) : 자는 국경(國卿), 호는 절재(節齋). 저서로 『제승방략(制勝方略)』
   이 있음.
35) 삭풍 : 북풍.
36) 만리변성 : 멀리 떨어진 국경 부근의 성. 곧 김종서가 있던 함경도 북방의 육진(六鎭).
37) 장백산 : 백두산.
38) 인각화상 : 기린각(麒麟閣). 중국 후한의 무제(武帝)가 기린을 잡을 때에 세운 누각인
   데, 선제(宣帝)가 공신 열 한명의 상(像)을 그려 걸었음.
39) 박팽년(1417-1456) : 자는 인수(仁叟), 호는 취금헌(醉琴軒). 사육신(死六臣)의 한 사람.
40) 야광명월 : 밤에 빛나는 밝은 달. 또는 야광주와 명월주의 두 보주(寶珠).

金生麗水[41] ㅣ라 ㅎ들 물마다 金이 남여
玉出崑岡[42]이라 ㅎ들 뫼마다 玉이 날쏜
암으리 思郞이 重타ㅎ들 님님마다 좃츨야   〈287〉

                              성삼문(成三問)[43]
이몸이 주거가셔 무어시 될쏘 ㅎ니
蓬萊山 第一峰에 落落長松[44] 되야이셔
白雪이 滿乾坤홀제 獨也靑靑 ㅎ리라   〈1665〉

首陽山[45] 브라보며 夷齊[46]를 한ㅎ노라
주려 주글진들 採薇도 ㅎ는것가
비록애 푸새엣 거신들 긔 뉘 짜헤 낫드니   〈1231〉

                              유성원(柳誠源)[47]
草堂에 일이 업서 거믄고를 베고 누어
太平聖代를 쑴에나 보려튼니
門前에 數聲漁笛[48]이 줌든 날을 씨와다   〈2110〉

---

41) 금생여수 : 금은 본래 아름다운 물에서 남. '여수'는 본래 중국 지명.
42) 옥출곤강 : 옥은 곤강에서 남. '곤강'은 곤륜산(崑崙山)의 다른 이름.
43) 성삼문(1418-1456) : 자는 근보(謹甫)·눌옹(訥翁), 호는 매죽헌(梅竹軒). 사육신(死六臣)의 한 사람.
44) 낙락장송 : 가지가 길게 늘어지고 키가 높고 곧게 자란 소나무.
45) 수양산 : 중국 산서성에 있음. 백이와 숙제가 숨어 살다가 굶어 죽은 곳.
46) 이제 : 백이와 숙제. 주나라를 건국한 무왕에게 '신하가 군주를 친 것을 부끄럽게 여기라'며 수양산에 은거함.
47) 유성원(?-1456) : 자는 태초(太初), 호는 낭간(琅玕). 사육신(死六臣)의 한 사람.
48) 수성어적 : 고기잡이하는 사람들이 부르는 몇 마디 피리소리.

이개(李塏)[49]

房안에 혓는 燭불 눌과 離別 ㅎ엿관ᄃᆡ
것츠로 눈물 디고 속타는줄 모로는고
뎌 燭불 날과 갓트여 속타는줄 모로도다   〈865〉

유응부(兪應孚)[50]

간밤에 부던 ᄇᆞ람에 눈서리 치단말가
落落長松이 다 기우러 가노ᄆᆡ라
ᄒᆞ믈며 못다 픤 곳이야 닐러 므슴 ㅎ리오   〈61〉

왕방연(王邦衍)[51]

千萬里 머나먼 길에 고은님 여희ᅀᆞᆸ고
내ᄆᆞ음 둘ᄃᆡ 업서 냇ᄀᆞ에 안ᄌᆞ이다
져 물도 내안 ᄀᆞᆺ도다 우러 밤길 녜놋다[52]   〈1987〉

월산대군(月山大君)[53]

秋江에 밤이 드니 물결이 ᄎᆞ노ᄆᆡ라
낙시 드리치니 고기 아니 무노ᄆᆡ라
無心ᄒᆞᆫ 둘빗만 싯고 븬 빈 저어 오노라   〈2136〉

---

49) 이개(1417-1456) : 자는 청보(淸甫)·백고(伯高), 호는 백옥헌(白玉軒). 사육신(死六臣)의 한 사람.
50) 유응부(?-1456) : 자는 신지(信之)·선장(善長), 호는 벽량(碧梁). 사육신(死六臣)의 한 사람.
51) 왕방연(?-?) : 세종 때 문신. 단종이 영월(寧越)로 유배갈 때 호위한 의금부도사(義禁府都事).
52) 가도다. '녜다'는 가다.
53) 월산대군(1454-1488) : 본명은 이정(李婷), 자는 자미(子美), 호는 풍월정(風月亭). 덕종(德宗)의 맏아들.

성종(成宗)54)

이시렴 브듸 갈짜 아니 가든 못홀쏜냐
無端이55) 슬튼야 눔의 말을 드럿는야
그려도 하 애도래라 가는 쯧을 닐러라   〈1688〉

김구(金絿)56)

나온댜 57)今日이야 즐거온댜 오늘이야
古往今來예 類업슨 今日이여
每日의 오늘 ᄀᆺ튼면 므슴 셩이 가시리58)   〈336〉

올히 댤은 다리 학긔다리 되도록애
거믄 가마괴 해오라비 되도록애
享福 無疆ᄒ샤 億萬歲를 누리소셔   〈1538〉

이현보(李賢輔)59)

歸去來60) 歸去來 말쑨이오 가리업싀
田園이 將蕪ᄒ니 아니가고 엇뎰고
草堂애 淸風明月이 나명들명 기두리ᄂ니   〈265〉

---

54) 성종(1457-1494) : 본명은 이혈(李娎). 총명하여 학문을 즐기고 학자들에게 명하여
   『악학궤범』, 『두시언해』, 『동국여지승람』, 『동문선』, 『동국통감』 등을 편찬함.
55) 무단이 : 공연히. 이유없이.
56) 김구(1488-1534) : 자는 대유(大柔), 호는 자암(自菴). 기묘사화로 귀양 갔다가 <화전
   별곡>을 지었음.
57) 낫구나. 좋구나.
58) 성가시랴. 걱정이 되어 속이 상하겠는가.
59) 이현보(1467-1555) : 자는 비중(棐仲), 호는 농암(聾岩). 저서로 『농암문집(聾巖文集)』
   이 있음.
60) 귀거래 : 돌아가리라. 도연명의 <귀거래사>에서 온 말.

聾巖[61]애 올라보니 老眼이 猶明이로다
人事이 變흔들 山川이쫀 가싈가
巖前에 某水某丘이 어제본듯 흐예라   〈501〉

이 듕에 시름업스니 漁父의 生涯이로다
一葉片舟를 萬頃波[62]에 띄워 두고
人世를 다 니젯거니 날 ᄀᆞᆫ주를 알랴   〈1635〉

구버는 千尋綠水[63] 도라보니 萬疊靑山
十丈紅塵[64]이 언매나 ᄀᆞ롓는고
江湖애 月白흐거든 더옥 無心흐애라   〈226〉

서경덕(徐敬德)[65]

ᄆᆞ음이 어린後ㅣ니 흐는일이 다 어리다
萬重雲山에 어닉 님 오리마는
지는 닙 부는 ᄇᆞ람에 힝여 긘가 흐노라   〈713〉

송순(宋純)[66]

風霜이 섯거친 날에 갓퓌온 黃菊花를

---

61) 농암 : 경상도 예안군 분천리 분강가에 있는 바위. 이현보의 고향임.
62) 만경파 : 한없이 넓고 넓은 바다.
63) 천심녹수 : 아주 깊고 푸른 물.
64) 십장홍진 : 열길이나 솟은 티끌. 곧 속세.
65) 서경덕(1489-1546) : 자는 가구(可久), 호는 복재(復齋). 어려서부터 총명하여 역학,
    경서 등에 능통하였으나 과거나 벼슬에 뜻을 두지 않았음.
66) 송순(1493-1583) : 자는 수초(遂初), 호는 면앙정(俛仰亭)·기촌(企村). 벼슬이 참찬에
    이르렀으며 치사 후 담양에서 면앙정을 짓고 소요자적(逍遙自適)하다가 91세에 세
    상을 떠남.

金盆에 ᄀ득 담아 玉堂에 보닉오니
桃李야 곳인체 마라 님의 뜻을 알니라   〈1091〉

조식(曹植)67)
頭流山68) 兩端水69)를 녜 듯고 이졔 보니
桃花 쓴 묽은물에 山影조차 잠겻세라
아희야 武陵이 어듸오 나는 옌가 ᄒ노라   〈686〉

이황(李滉)70)
이런들 엇더ᄒ며 뎌런들 엇더ᄒ료
草野 愚生71)이 이러타 엇다ᄒ료
ᄒ믈며 泉石膏肓72)을 고텨 므슴 ᄒ료   〈1640〉

煙霞73)로 지블 삼고 風月로 버들 사마
太平聖代예 病으로 늙거나뇌
이듕에 ᄇ라는 이른 허므리나 업고쟈   〈1477〉

<hr>

67) 조식(1501-1572) : 자는 건중(健仲), 호는 남명(南溟). 어려서 제자백가(諸子百家)에
    통하여 학문이 깊었으나 산야에 은거하여 독서할 뿐 벼슬을 원치 않음.
68) 두류산 : 지리산의 별칭.
69) 양단수 : 두 줄기로 나뉘어 흐르는 물.
70) 이황(1501-1570) : 자는 경호(景浩), 호는 퇴계(退溪). 1555년 벼슬을 버리고 귀향,
    역동서원(易東書院)과 도산서원(陶山書院)에서 제생(諸生)의 교육에 전심. 이이와 쌍
    벽을 이루는 성리학의 대가로 사단칠정론(四端七情論)을 사상의 핵심으로 함.
71) 초야우생 : 시골에 묻혀 사는 어리석은 사람.
72) 천석고황 : '천석'은 산수 자연. '고황'은 불치의 병. 곧 세속에 물들지 않고 자연에
    살고 싶은 마음의 고질.
73) 연하 : 연기와 노을. 곧 자연.

古人도 날 몯보고 나도 古人 몯뵈
古人을 몯뵈도 녀던 길 알픠 잇닉
녀던 길 알픠 잇거든 아니 녀고 엇멸고   〈145〉

靑山은 엇뎨ㅎ야 萬古애 프르르며
流水는 엇뎨ㅎ야 晝夜에 긋디 아니는고
우리도 그치디 마라 萬古常靑 호리라   〈2065〉

기대승(奇大升)74)

豪華코 富貴키야 信陵君75)만 홀가마는
百年 못ㅎ야셔 무덤우희 밧츨 가니
ㅎ믈며 녀나믄76) 丈夫ㅣ야 닐러 무슴 ㅎ리오   〈2320〉

양사언(楊士彦)77)

泰山78)이 놉다 ㅎ되 ㅎ늘아레 뫼히로다
오르고 쏘 오르면 못오를 理 업건마는
사름이 제 아니 오르고 뫼흘 놉다 ㅎ느니   〈2195〉

---

74) 기대승(1527-1572) : 자는 명언(明彦), 호는 고봉(高峰).
75) 신릉군 : 전국시대 위(魏)나라 소왕(昭王)의 아들로 식객(食客) 삼천 명을 거느렸다고 함.
76) 다른.
77) 양사언(1517-1584) : 자는 응빙(應聘), 호는 봉래(蓬萊)·해객(海客). 시와 글씨에 뛰어났음.
78) 태산 : 중국 산동성에 있는 명산. 중국 오악(五岳) 중의 으뜸인 동악(東岳). 높이는
    1450미터.

강익(姜翼)[79]

柴扉에 개 즛난다 이 山村에 그 뉘 오리
댓닙 푸른대 봄ㅅ새 울 소리로다
아헤야 날 推尋[80] 오나든 探微가다 해여라   〈1282〉

이이(李珥)[81]

高山九曲潭[82]을 살름이 몰으든이
誅茅卜居[83]호니 벗님네 다 오신다
어즙어 武夷[84]를 想象호고 學朱子를 호리라   〈142〉

一曲은 어드미고 冠巖에 히 빗췬다
平蕪[85]에 닉 거든이 遠近이 글림이로다
松間에 綠樽[86]을 녹코 벗 온양 보노라   〈1729〉

---

79) 강익(1523-?) : 자는 중보(仲輔), 호는 개암(介菴)·송암(松菴). 일찍 등제(登第)하였으
나 평생 독서와 저서에 힘쓰다가 선조 초 소격서 참봉에 임명되어 부임하는 도중
졸함.
80) 추심 : 찾아옴.
81) 이이(1536-1584) : 자는 숙헌(叔獻), 호는 율곡(栗谷)·석담(石潭). 1569년 일시 치사하
고 해주(海州) 고산(高山)에 은퇴, 정사(精舍)를 짓고 주자를 추앙하여 학문과 교학에
힘씀. 이황과 함께 우리 유학사의 쌍벽으로 기발이승일도설(氣發理承一途說)을 주
장했고, 문장·서화에 뛰어남.
82) 고산구곡담 : 고산은 황해도 해주에 있는 산. 이이가 42세 때 이곳에 들어가 주자(朱
者)의 <무이구곡가(武夷九曲歌)>를 본떠 고산구곡담을 가려낸 것.
83) 주모복거 : 띠풀을 베고 집터를 가려잡고 살아가니.
84) 무이 : 중국 복건성에 있는 산. 산중에 구곡계(九曲溪)가 있음.
85) 평무 : 잡초가 우거진 들판.
86) 녹준 : 푸른(좋은) 술동이.

이양원(李陽元)87)

노프나 노픈 남게 날 勸ᄒ여 오려두고
이보오 벗님ᄂᆡ야 흔드지나 마르되야
ᄂᆞ려져 죽기ᄂᆞ 섧지아녀 님 못볼가 ᄒ노라   〈479〉

고경명(高敬命)88)

靑蛇劒 두러메고 白鹿을 디쥴ᄐᆞ고89)
扶桑90) 디는 히에 洞天91)으로 도라드니
仙宮에 鐘磬92) 맑은 소릐 구름 밧게 들니더라   〈2053〉

권호문(權好文)93)

말리 말리ᄒᄃᆡ 이일 말기 어렵다
이일 말면 一身이 閑暇ᄒ다
어지게 엊그제 ᄒ던일이 다 왼줄 알과라   〈731〉

計較 이ᄅᆞ터니 功名이 느저셰라
負笈東南94)ᄒ야 如恐不及ᄒᄂᆞ 뜯을
歲月이 물 흘으듯ᄒ니 못이롤가 ᄒ야라   〈132〉

---

87) 이양원(1533-1592) : 자는 백춘(伯春), 호는 노저(鷺渚). 이황의 문인.
88) 고경명(1533-1592) : 자는 이순(而順), 호는 제봉(霽峰)·태헌(苔軒). 임진왜란 때 김천일과 의병
   을 일으켜 금산(錦山)에서 싸우다 전사함. 시문·서예에 능했고 학문에도 조예가 깊었음.
89) 지즐러(눌러) 타고.
90) 부상 : 동녘 바다 가운데 해가 떠오르는 곳에 있다는 뽕나무 같은 커다란 신목(神木).
   또는 그 나무가 서 있는 나라.
91) 동천 : '동천복지(洞天福地)'의 준말. 신선들이 산다는 경치 좋은 곳.
92) 종경 : 쇠북과 경쇠.
93) 권호문(1532-1587) : 자는 장중(章仲), 호는 송암(松巖). 1561년 진사(進士)에 급제했으
   나 벼슬을 단념, 청성산(靑城山) 밑에 무민재(無悶齋)를 짓고 시문으로 지냄.
94) 부급동남 : 책고리를 등에 지고 동으로 남으로 공부하러 감.

정철(鄭澈)[95]

어버이 사라신제 셤길 일란 다ᄒᆞ여라
디나간 휘면 애듧다 엇디 ᄒᆞ리
평싱애 고텨 못홀 일이 잇ᄲᅳᆫ인가 ᄒᆞ노라   〈1386〉

님금과 ᄇᆡ셩과 ᄉᆞ이 하늘과 싸히로ᄃᆡ
내의 셜운 이를 다 아로려 ᄒᆞ시거든
우린들 술진 미나리를 혼자 엇디 머그리   〈564〉

내 말 고텨드러 너업ᄉᆞ면 못살려니
머흔 일 구즌 일 널로ᄒᆞ야 다 닛거든
이제야 ᄂᆞᆷ 괴려ᄒᆞ여 녯벗 말고 엇디라   〈420〉

내ᄆᆞᆷ 버혀내여 뎌 ᄃᆞᆯ을 밍글고져
구만리댱텬의 번ᄃᆞ시 걸려이셔
고온님 겨신 고ᄃᆡ 가 비최여나 보리라   〈419〉

청텬 구름 밧긔 놉히 ᄯᆞᆫ 학이러니
인간이 됴터냐 므스ᄆᆞ라[96] ᄂᆞ려온다
댱지치[97] 다 ᄊᆞ러디도록 ᄂᆞ라갈줄 모ᄅᆞᆫ다   〈2081〉

풍파의 일니던[98] ᄇᆡ 어드러로 가닷말고
구롬 머흘거든 처음의 날줄 엇디[99]

---

95) 정철(1536-1593) : 자는 계함(季涵), 호는 송강(松江). 어려서부터 하서(河西) 김인후(金
麟厚), 고봉(高峰) 기대승(奇大升)에게 글을 배우고, 이이·성혼들과 사귐. 문학적
업적에서 장가(長歌)가 으뜸이고 저서로 『송강가사(松江歌辭)』가 있음.
96) 무슨 까닭에. 무엇하러.
97) 긴 깃이.
98) 혼들리던.

허술흔 비 두신 분네는 모다 조심호쇼셔   〈2232〉

재너머 셩궐롱 집의 술닉단 말 어제 듯고
누은 쇼 발로 박차 언치 노하 지즐 투고
아히야 네 궐롱 겨시냐 뎡좌슈 왓다 호여라   〈1811〉

굿쉰이 져믈가마는 간듸마다 술을 보고
닛집 드러내여 웃는 줄 므스일고
젼젼의 아던 거시라 몬내 니저 호노라   〈77〉

성혼(成渾)100)

田園에 봄이 온이 이몸이 일이 하다
곳남근 뉘 옴김여 藥밧츤 언제 갈리
아희야 대 뷔여 오ᄂ라 삿갓 몬져 결을이라   〈1829〉

말업슨 靑山이요 態업슨 流水ㅣ로다
갑업슨 淸風이요 님ᄌ업슨 明月이라
이中에 病업슨 이몸이 分別업시101) 늙으리라   〈733〉

조헌(趙憲)102)

池塘에 비 뿌리고 楊柳에 늬 씨인제

---

99) 어찌 나왔느냐.
100) 성혼(1535-1598) : 자는 호원(浩原), 호는 우계(牛溪)·묵암(默庵). 이율곡과 이기(理
   氣)의 학문을 서로 토론함.
101) 분별업시 : 옳고 그름과 좋고 나쁨을 알아보는 바 없이. 지각없이.
102) 조헌(1544-1592) : 자는 여식(汝式), 호는 중봉(重峰). 이이·성혼의 문인. 임진왜란
   때 의병을 일으켜 금산(錦山)에서 싸우다 전사함.

沙工은 어듸 가고 븬 비만 믹엿눈고
夕陽에 짝 일흔 골며기눈 오락가락 ᄒ노매   〈1921〉

서익(徐益)103)

이 뫼흘 허러내여 져 바흘104) 메오며눈
蓬萊山 고온 님을 거러가도 보련마눈
이몸이 精衛鳥105) ᄀ틔야 바잔일만106) ᄒ노라   〈1674〉

綠草晴江上에 구레 버슨 물이되야
재ㅣ로 머리드러 北向ᄒ여 우눈뜻은
夕陽이 재너머 가매107) 님자그려 우노라   〈497〉

임제(林悌)108)

靑草 우거진 골에 자눈다 누엇눈다
紅顔을 어듸 두고 白骨만 무첫눈이
盞자바 勸ᄒ리 업스니 그를 슬허 ᄒ노라   〈2087〉

北窓이 묽다커늘 雨裝업씨 길을 난이
山에눈 눈이 오고 들에눈 춘비로다
오늘은 춘비 맛잣시니 얼어 잘까 ᄒ노라   〈965〉

---

103) 서익(?-?) : 자는 군수(君受), 호는 만죽(萬竹).
104) 바다를.
105) 정위조 : 해변에 사는 작은 물새. 옛날 염제(炎帝)의 딸이 물에 **빠져** 죽어 **환생한**
　　　새로, 항상 나무와 돌을 물어다가 동녘 바다를 메운다고 함.
106) 부질없이 오락가락 하기만. 배회하기만.
107) 나이 들어 늙어 가매. 저물어 가는 인생을 뜻함.
108) 임제(1549-1587) : 자는 자순(子順), 호는 백호(白湖)·겸재(謙齋). 성격이 강직하고
　　　고집이 있어 벼슬은 높이 오르지 못함. 선비들은 임제를 법도(法度) 밖의 사람이라
　　　하여 사귀려 하지 않고 시와 문장만을 취함.

소춘풍(笑春風)109)

唐虞110)를 어제 본듯 漢唐宋111)을 오늘 본듯
通古今 達事理ㅎ는 明哲士112)를 엇덧타고
저셜씌 歷歷히 모르는 武夫를 어이 조츠리　　　　〈616〉

前言은 戱之耳113)라 내말씀 허믈 마오
文武一體ㄴ줄 나도 잠간 아옵쩐이
두어라 赳赳武夫114)를 안이 좃고 어이리　　　　〈1826〉

황진이(黃眞伊)115)

靑山裏 碧溪水ㅣ야 수이 감을 쟈랑마라
一到滄海ㅎ면 도라오기 어려오니
明月이 滿空山ㅎ니 수여간들 엇더리　　　　〈2056〉

冬至ㅅ둘 기나긴 밤을 한 허리를 버혀내여
춘풍 니불아레 서리서리116) 너헛다가
어론님 오신날 밤이여든 구뷔구뷔 펴리라　　　　〈672〉

어져 내일이야 그릴줄을117) 모로ᄃ냐

---

109) 소춘풍(?-?) : 경성(京城) 기생으로 몹시 아름다웠음.
110) 당우 : 덕으로 백성을 다스린 요순(堯舜)시대. 곧 태평시절을 말함.
111) 한당송 : 중국 한·당·송의 세 나라. 경학(經學)이 융성했던 시절.
112) 명철사 : 세상과 사물의 이치에 밝은 선비.
113) 희지이라 : 그냥 웃고자 한 말뿐이라.
114) 규규무부 : 용맹스러운 무사.
115) 황진이(?-?) : 본명은 진(眞), 일명 진랑(眞娘), 기명은 명월(明月). 진사(進士)의 딸로
　　　태어나 아름다운 용모와 재능으로 교방(敎坊)의 동기(童妓)로서 대성하여, 시서음
　　　률(詩書音律)에 뛰어나고 묵화(墨畵)도 잘함.
116) 노끈이나 새끼 등을 서리어 놓은 모양.

이시라 ㅎ더면 가랴마는 제 구퇴여
보내고 그리는 情은 나도 몰라 ㅎ노라   〈1427〉

내 언제 無信ㅎ여 님을 언제 소겻관딩
月沈三更118)에 온 뜻이 젼혀업닝
秋風에 지는 닙소릭야 낸들 어이 ㅎ리오   〈434〉

한우(寒雨)119)

어이 얼어 잘이 므스 일 얼어 잘이
鴛鴦枕 翡翠衾을 어듸 두고 얼어 자리
오늘은 춘비 맛자신이 녹아 잘까 ㅎ노라   〈1411〉

매화(梅花)120)

梅花 녯등걸에 봄졀이 도라오니
녯퓌던 柯枝에 픠염즉도 ㅎ다마는
春雪이 亂紛紛ㅎ니 필동말동 ㅎ여라   〈746〉

계랑(桂娘)121)

梨花雨122) 훗샏릴제 울며 잡고 離別흔 님

---

117) 그리워할 줄을.
118) 월침삼경 : 달없는 깊은 밤.
119) 한우(?-?) : 임제(林悌)와 교제 있었던 평양(平壤) 기생.
120) 매화(?-?) : 평양(平壤) 기생.
121) 계랑(?-?) : 명종 때의 부안(扶安) 명기(名妓)로 성은 이(李), 호는 매창(梅窓)·계생(癸生)·계생(桂生), 본명은 향금(香今). 노래와 거문고에 능하고 한시(漢詩)를 잘함.
122) 이화우 : 비처럼 흩날리는 배꽃. 또는 배꽃이 필 때 오는 비.

秋風落葉에 저도 날 싱각는가
千里에 외로운 쑴만 오락가락 ᄒ노매   〈1701〉

홍랑(洪娘)123)

묏버들 갈히 것거 보내노라 님의손딕
자시는 窓밧긔 심거두고 보쇼셔
밤비예 새닙 곳 나거든 날인가도 너기쇼셔   〈774〉

명옥(明玉)124)

쑴에 뵈는 님이 信義업다 ᄒ것마는
貪貪이 그리올제 쑴아니면 어이보리
져님아 쑴이라 말고 ᄌ로ᄌ로125) 뵈시쇼   〈255〉

송이(松伊)126)

솔이 솔이라 ᄒ이 므슨 솔만 넉이는다
千尋絶壁에 落落長松 내 긔로라
길알에 樵童의 졉낫127)시야 걸어볼쭐 잇시랴   〈1216〉

---

123) 홍랑(?-?) : 선조 때의 기생, 고죽(孤竹) 최경창(崔慶昌)과 정이 깊었음. 1575년 고죽이
    병드니 홍랑이 경성에서 7주야(晝夜)를 달려 서울에 쫓아갔다. 그것이 말썽이 되어
    고죽이 벼슬을 내놓게 되었다는 일화가 전함.
124) 명옥(?-?) : 화성(華城 : 수원)의 명기(名妓).
125) 자주자주.
126) 송이(?-?) : 기생. 신원 미상.
127) 작은 낫[鎌].

다복(多福)128)

北斗星 기울어지고 更五點 즈자간다

十洲佳期129)는 虛浪타 ᄒ리로다

두어라 煩友130) ᄒᆞᆫ 님이니 새화131) 무슴 ᄒ리오　　　　〈958〉

2. 조선 후기의 시조

이순신(李舜臣)132)

閑山셤 ᄃᆞᆯ 불근 밤의 戍樓에 혼자 안자

큰 칼 녀픠 ᄎ고 기픈 시름 ᄒᄂᆞ 적의

어듸서 一聲胡笳133)ᄂᆞ 놈의 애를 긋ᄂᆞ니　　　　〈2267〉

한호(韓濩)134)

집方席 내지 마라 落葉엔들 못안즈랴

솔불 혀지 마라 어제 진 ᄃᆞᆯ 도다온다

아ᄒᆡ야 濁酒山菜135) ᄅᆞᆯ만졍 업다 말고 내여라　　　　〈1942〉

---

128) 다복 : 기생. 신원 미상.
129) 십주가기 : 10주는 신선들이 살고 있다는 열군데의 섬. 가기는 사랑하는 님과 만나
　　기로 한 때. 곧 10주에서 만나자는 반가운 약속.
130) 번우 : 벗이 많음.
131) 새암하여. 시기하여.
132) 이순신(1545-1599) : 자는 여해(汝諧), 시호는 충무(忠武). 임진왜란 때 왜 수군을
　　대파한 공으로 수군통제사가 됨. 정유재란 때 노량에서 싸우다 순국함.
133) 일성호가 : 한 가닥 오랑캐의 피리 소리.
134) 한호(1543-1605) : 자는 경홍(景洪), 호는 석봉(石峰). 당대의 명필로 그 명성이 외국
　　에까지 알려짐.
135) 박주산채 : 맛이 좋지 않은 술과 산나물.

이덕형(李德馨)136)

큰 盞에 フ득 부어 醉토록 머그며서
萬古英雄을 손 고바 혀여보니
아마도 劉伶137) 李白138)이 내벗인가 ᄒ노라   〈2179〉

이항복(李恒福)139)

鐵嶺140) 노픈 峰에 쉬여 넘ᄂ 져 구름아
孤臣寃淚141)를 비사마 씌여다가
님 계신 九重深處에 ᄲ려본들 엇ᄃ리   〈2031〉

조존성(趙存性)142)

아ᄒ야 되롱삿갓143) 출화 東澗144)에 비지거다
기나긴 낙대에 미늘145) 업슨 낙시 믹야
져 고기 놀라지 마라 내 興계워 ᄒ노라   〈1331〉

아ᄒ야 粥早飯146) 다오 南畝에 일 만해라

---

136) 이덕형(1561-1613) : 자는 명보(明甫), 호는 한음(漢陰)·쌍송(雙松).
137) 유령 : 중국 진나라 패국(沛國) 사람. 평소에 술을 즐김.
138) 이백 : 성당(盛唐) 때 시인. 자는 태백.
139) 이항복(1556-1618) : 자는 자상(子常), 호는 필운(弼雲)·백사(白沙). 1617년 폐모론에
    반대하다 다음해 북청(北靑)에 귀양, 적소에서 죽음.
140) 철령 : 강원도 회양(淮陽)과 함경남도 안변(安邊) 사이에 있는 높은 고개.
141) 고신원루 : 외로운 신하의 억울한 눈물. 이항복이 광해 폐모(光海 廢母)의 사건으로
    북청(北靑)으로 귀양가는 도중에 읊은 것.
142) 조존성(1553-1627) : 자는 수초(守初), 호는 정곡(鼎谷)·용호(龍湖).
143) 도롱이와 삿갓.
144) 동간 : 동쪽 산골짜기.
145) 낚시 끝의 안쪽에 있는, 가스랑이처럼 되어 고기가 물면 빠지지 않게 된 작은 갈고리.
146) 죽조반 : 이른 아침에 먹는 죽.

서투론 짜부147)를 눌 마조 자부려뇨
두어라 聖世躬耕148)도 亦君恩이시니라   〈1333〉

신흠(申欽)149)

山村에 눈이 오니 돌길이 무쳐셰라
柴扉롤 여지마라 날 츠즈리 뉘 이시리
밤즁만 一片明月이 긔 벗인가 ᄒ노라   〈1061〉

술먹고 노ᄂ 일을 나도 윈줄 알건마ᄂ
信陵君150) 무덤우희 밧 가ᄂ줄 못보신가
百年이 亦草草151)ᄒ니 아니 놀고 엇지 ᄒ리   〈1241〉

내가슴 헤친피로 님의 양ᄌ 그려내여
高堂素壁에 거러두고 보고지고
뉘라서 離別을 삼겨 사름죽게 ᄒᄂ고   〈410〉

노래 삼긴 사름 시름도 하도할샤
닐러 다 못닐러 불러나 푸돗든가
眞實로 플릴거시면은 나도 불러 보리라   〈473〉

---

147) 풀뿌리를 뽑거나 밭을 가는데 쓰는 농기구.
148) 성세궁경 : 태평한 세상에 몸소 밭 갈음.
149) 신흠(1566-1628) : 자는 경숙(敬叔), 호는 상촌(象村). 저서로 『상촌집(象村集)』이 있음.
150) 신릉군 : '신릉'은 중국 지명. 위나라 공자 무기(無忌)가 이곳에 봉함을 받고 신릉군
    이라 했음.
151) 역초초 : 또한 수고롭고 고됨.

장만(張晚)[152]

風波에 놀란 沙工 비 파라 물을 사니

九折羊腸[153]이 물도곤 어려왜라

이後란 비란 물도말고 밧갈기만 흐리라　　　　　〈2231〉

이원익(李元翼)[154]

綠楊이 千萬絲ㄴ들 フ는 春風 미여 두며

耽花蜂蝶[155]인들 디는 고즐 어이흐리

아무리 根源이 重흔들 フ는 님을 어이리　　　　　〈491〉

이정귀(李廷龜)[156]

님을 미들것가 못미들슨 님이시라

미더온 時節도 못미들줄 아라스라

밋기야 어려와마는 아니 밋고 어이리　　　　　〈570〉

---

152) 장만(1566-1629) : 자는 호길(好吉), 호는 낙서(落西).

153) 구절양장 : 양(羊)의 창자처럼 굽이굽이 틀어진 험준한 산길.

154) 이원익(1547-1634) : 자는 공려(公勵), 호는 오리(梧里).

155) 탐화봉접 : 꽃을 찾아 다니는 벌과 나비.

156) 이정귀(1564-1635) : 자는 성징(聖徵), 호는 월사(月沙). 저서로 시문(詩文) 25권, 『서
연강의(書筵講義)』, 『대학강화(大學講話)』가 있음.

박인로(朴仁老)[157]

盤中 早紅감이 고아도 보이ᄂ다
柚子 안이라도 품엄즉도 ᄒ다마ᄂ
품어 가 반기리 업슬싀 글노 설워 ᄒᄂ이다   〈855〉

深山의 밤이 드니 北風이 더옥 차다
玉樓高處에도 이 ᄇ름 부ᄂ게오
긴 밤의 치우신가 北斗 비겨 바릭로라   〈1301〉

夫婦을 重타ᄒ들 情만 重케 가질것가
禮別업시 居處ᄒ며 恭敬업시 조흘소냐
一生애 敬待如賓을 冀缺[158]갓치 ᄒ오리라   〈947〉

無情히 서ᄂ 바회 有情ᄒ야 보이ᄂ다
最靈ᄒ 吾人도 直立不倚 어렵거늘
萬古애 곳게 선 저얼구리 그칠적이 업ᄂ다   〈784〉

이안눌(李安訥)[159]

天地로 帳幕 삼고 日月로 灯燭 삼아
北海를 휘여다가[160] 酒罇에 다혀 두고

---

157) 박인로(1561-1642) : 자는 덕옹(德翁), 호는 노계(蘆溪) · 무하옹(無何翁). 임진왜란이
    일어나자 수군(水軍)에 종군하여 좌병사(左兵使) 성윤문 밑에서 싸웠으며 <태평사
    (太平詞)>를 지어 병졸을 위로함. 임진왜란 후에도 수문장(守門將)이 되어 국방에
    전심하였고 <선상탄(船上嘆)> 등 가사 작품을 창작함. 그의 작품은 전고(典故) ·
    고사(故事)를 인용했고 같은 말을 많이 썼기 때문에 단조로움이 있으나 송강과
    고산에 비길 수 있는, 우리나라 시가사에서 빠질 수 없는 존재임.
158) 기결 : 중국 춘추 때 진(晋)나라 대부 각결(郤缺). 아내를 지극히 경대했다고 함.
159) 이안눌(1571-1637) : 자는 자민(子敏), 호는 동악(東岳).
160) 억지로 끌어다가.

南極에 老人星[161] 對ᄒ여 늙을 뉘를 모롤이라   〈2017〉

홍익한(洪翼漢)[162]

首陽山 나린 물이 夷齊에 怨淚ㅣ 되야
晝夜 不息ᄒ고 여흘여흘[163] 우ᄂ 쯧즌
至今에 爲國忠誠을 못ᄂᆡ 슬허 ᄒ노라   〈1229〉

홍서봉(洪瑞鳳)[164]

離別 ᄒ던 날에 피눈물이 난지만지
鴨綠江 ᄂ린 물이 프른빗치 전혀 업ᄂᆡ
비우희 허여 센 沙工이 처음 보롸 ᄒ드라   〈1682〉

김상헌(金尚憲)[165]

가노라 三角山아 다시보쟈 漢江水야
古國山川을 쩌나고쟈 ᄒ랴마ᄂ

---

161) 노인성 : 옛날에 일컫던 남극의 별. 그 별빛이 특출한데, 이 별이 남극에 나타나면
    치안(治安)이 잡히고, 보이지 않을 때는 병란(兵亂)이 일어난다고 하며, 사람의 수명
    을 맡고 있다고도 전함.
162) 홍익한(1586-1637) : 자는 백승(伯升), 호는 화포(花浦). 병자호란에 척화신(斥和臣)으
    로 청(淸)에 잡혀 갔다가 끝내 굴복하지 않고 피살당함.
163) 물이 여울목을 흘러갈 때 나는 소리. 여울여울.
164) 홍서봉(1572-1645) : 자는 휘세(輝世), 호는 학곡(鶴谷). 봉림대군(효종)을 세자로 삼
    던 해 나이 일흔 네 살에 죽음. 사람을 대할 때 항시 화락하고 생활이 검소하였으며,
    시에 능했음.
165) 김상헌(1570-1652) : 자는 숙도(叔度), 호는 청음(淸陰). 병자호란을 당하여 굳이 싸우
    기를 주장하였으며, 청(淸)에 척화신(斥和臣)으로 잡혀갔다가 을유년에 놓여 나와
    그 뒤 여러 차례의 부름을 듣지 않고 나이 83세에 죽음. 시호는 문정(文正).

時節이 하 殊常호니 올동말동 호여라   〈3〉

효종(孝宗)166)

靑石嶺167) 지나거냐 草河口ㅣ 어듸미오
胡風168)도 춥도출샤 구즌비는 무스 일고
아므나 行色 그려내여 님계신듸 드리고쟈   〈2071〉

淸江에 비듯는 소릐 긔 무어시 우읍관듸
滿山紅綠169)이 휘드르며 웃는고야
두어라 春風이 몃 날이리 우을째로 우어라   〈2038〉

이명한(李明漢)170)

楚江171) 漁父드라 고기 낫가 숨지마라
屈三閭 忠魂이 魚腹裏에 드럿느니
아므리 鼎鑊172)에 술믄들 變홀줄이 이시랴   〈2105〉

숨에 단니는 길이 즈최 곳 나랑이면
님의집 窓밧기 石路ㅣ라도 달으련만는
숨ㅁ길이 즈최 업스니 그를 슬허 호노라   〈254〉

---

166) 효종(1619-1659) : 이조 제 17대 임금. 이름은 호(淏), 자는 정연(靜淵), 호는 죽오(竹
梧). 인조(仁祖)의 이자(二子)로 1649년에 즉위하여 일찍 병자호란의 국치를 설욕코
자 송시열·송준길 등으로 북벌을 꾀하다가 재위 10년에 붕어함. 능은 영릉(寧陵).
167) 청석령 : 심양으로 가는 도중의 만주 지명. 요양(遼陽)에 가까운 곳임.
168) 호풍 : 오랑캐 땅에서 부는 바람.
169) 만산홍록 : 봄철 산을 덮은 초목. 꽃이 뒤섞여 울긋불긋한 모습.
170) 이명한(1595-1645) : 자는 천장(天章), 호는 백주(白洲). 월사(月沙) 정귀(廷龜)의 아들.
171) 초강 : 초의 멱라수. 곧 굴원이 빠져 죽은 강.
172) 정확 : 큰 솥.

김광욱(金光煜)173)

功名도 니젓노라 富貴도 니젓노라
世上 번우한174) 일 다 주어 니젓노라
내몸을 내무자 니즈니 눔이 아니 니즈랴   〈175〉

인평대군(獜平大君)175)

브람에 휘엿노라 구븐 솔 웃지마라
春風에 픠온 곳이 미양에 고아시랴
風飄飄 雪紛紛176) 홀제 네야177) 날을 부르리라   〈833〉

윤선도(尹善道)178)

山水間 바회아래 뛰집179)을 짓노라 ᄒ니
그 모론 눔들은 읃는다 ᄒ다마는
어리고 햐암180)의 뜻의ᄂ 내分인가 ᄒ노라   〈1045〉

잔들고 혼자 안자 먼 뫼흘 브라보니
그리던 님이 오다 반가옴이 이리ᄒ랴
말슴도 우움도 아녀도 몯내 됴하 ᄒ노라   〈1772〉

---

173) 김광욱(1580-1656) : 자는 회이(晦而), 호는 죽쇼(竹所). 저서로『죽소집(竹所集)』이 있음.
174) 번거롭고 시름겨운.
175) 인평대군(1622-1658) : 자는 용함(用涵), 호는 송계(松溪). 인조의 3남, 효종의 아우. 병자호란 때 강화에 호종(扈從), 1640년 청나라 심양에 가 외교적으로 큰 공로를 세움. 시율(詩律)이 청려하고 서예에 뛰어남.
176) 풍표표 설분분 : 바람은 가볍게 나부끼고 눈은 펄펄 날림.
177) 너야말로.
178) 윤선도(1587-1671) : 자는 약이(約而), 호는 고산(孤山). 문집으로『고산유고(孤山遺稿)』가 있음.
179) 띠집[茅屋].
180) 향암(鄕闇). 시골에 사는 우매한 사람.

내 셩이 게으르더니 하늘히 아ᄅ실샤
人間 萬事를 ᄒᆞᆫ일도 아니 맛뎌
다만당 ᄃᆞ토리 업슨 江山을 딕희라 ᄒᆞ노라   〈429〉

내 버디 몃치나ᄒᆞ니 水石과 松竹이라
東山의 ᄃᆞᆯ오르니 긔더옥 반갑고야
두어라 이다ᄉᆞᆺ 밧긔 또 더ᄒᆞ야 머엇ᄒᆞ리   〈423〉

압개[181]예 안개 것고 뒫뫼희 ᄒᆡ 비췬다
밤믈[182]은 거의 디고 낟믈이 미러 온다
江村 온갖 고지 먼 빗치 더욱 됴타   〈1352〉

구즌비 머저가고 시낻믈이 ᄆᆞᆰ아온다
낫대를 두러메니 기픈 興을 禁못ᄒᆞᆯ다
炯江疊嶂[183]은 뉘라셔 그려낸고   〈233〉

水國의 ᄀᆞ슬히 드니 고기마다 슬져 읻다
萬頃澄波의 슬ᄏᆡ지 容與[184]ᄒᆞ쟈
人間을 도라보니 머도록 더욱 됴타   〈1226〉

간밤의 눈 갠 後에 景物이 달란고야
압희ᄂᆞᆫ 萬頃琉璃 뒤희ᄂᆞᆫ 千疊玉山
仙界ㄴ가 佛界ㄴ가 人間이 아니로다   〈59〉

---

181) 앞 강에.
182) 밤에 들어온 조수(潮水).
183) 연강첩장 : 연기나 안개가 자욱한 강과 겹겹이 쌓이고 병풍처럼 둘려 있는 산.
184) 용여 : 한가로이 지냄.

이정환(李廷煥)185)

풍셜 석거친 날에 뭇노라 北來使者야
小海容顔186)이 언매나 치오신고
故國의 못쥭는 孤臣이 눈물계워 ㅎ노라　　　　　〈2228〉

송시열(宋時烈)187)

靑山도 절로절로 綠水도 절로절로
山절로절로 水절로절로 山水間에 나도 절로(절로)
(그中에 절로)절로 ᄌ란 몸이 늙기도 절로절로　　〈2055〉

박태보(朴泰輔)188)

胸中에 불이 나니 五臟이 다 틋간다
神農氏189) 쑴에 보와 불쓸 藥 무러보니
忠節과 慷慨로 난 불이니 쓸藥 업다 ㅎ드라　　〈2366〉

주의식(朱義植)190)

말ㅎ면 雜類라 ㅎ고 말아니면 어리다 ㅎᄂᆡ

---

185) 이정환(?-?) : 호는 송암(松岩). 병자호란의 국치(國恥)를 보고 두문불출(杜門不出)하
　　였으며 비가(悲歌) 열 수를 지음.
186) 소해용안 : 왕자의 모습. 병자호란 때 잡혀간 소현세자와 봉림대군을 가리킴.
187) 송시열(1607-1689) : 자는 영보(英甫), 호는 우암(尤菴). 1689년 봄 원자(元子 : 景宗)의
　　책봉을 반대했다가 숙종의 진노를 사 제주에 귀양갔다가 다시 붙들려 오다가 정읍
　　(井邑)에서 사사(賜死)됨. 문집 백여권이 있음.
188) 박태보(1654-1689) : 자는 사원(士元), 호는 정재(定齋). 판중추부사 세당(世堂)의 아들.
189) 신농씨 : 중국 고대 제왕의 이름. 백성에게 농사와 제약(製藥)을 가르쳤다고 함.
190) 주의식(?-?) : 자는 도원(道源), 호는 남곡(南谷). 명가(名歌)로 이름났으며 몸가짐이
　　공손하고 마음씨가 고요하여 군자의 풍도(風度)가 있었고, 묵매(墨梅)도 잘 그렸음.

貧寒을 놈이 웃고 富貴를 새오느듸[191]
아마도 이 하늘아레 사롤일이 어려왜라   〈740〉

주려 주그려 ᄒ고 首陽山에 드럿거니
헌마[192] 고사리를 머그려 키야시랴
物性이 구븐줄 믜워 펴보려고 키미라   〈1888〉

김삼현(金三賢)[193]

功名을 즐겨마라 榮辱이 半이로다
富貴를 貪치마라 危機를 넓ᄂ니라
우리ᄂ 一身이 閑暇커니 두려온 일 업세라   〈183〉

늙기 셜은줄을 모로고나 늘것ᄂ가
春光이 덧이업서 白髮이 절로 낫다
그러나 少年쩍 ᄆ음은 감흔일이 업세라   〈541〉

윤두서(尹斗緒)[194]

玉에 흙이 믓어 길ᄀ의 ᄇ엿신이
온은이 가는이 흙이라 ᄒ는고야
두워라 알리 잇실쩐이 흙인듯시 잇걸아   〈1527〉

---

191) 시기하는데.
192) 설마.
193) 김삼현(?-?) : 주의식(朱義植)의 사위. 벼슬에서 물러난 후 주의식과 더불어 산수를
    벗하고 자연을 즐김. 그의 노래는 명랑하고 낙천적임.
194) 윤두서(1668-?) : 자는 효언(孝彦), 호는 공재(恭齋)·종애(鍾厓). 윤선도의 증손이며,
    서화(書畵)에 능했음.

안서우(安瑞羽)[195]

靑山은 무스 일노 無知흔 날 굿트며
綠水는 엇지ᄒ여 無心흔 날 굿트뇨
無心코 無知타 웃지마라 樂山樂水홀가 ᄒ노라   〈2064〉

남구만(南九萬)[196]

東窓이 볼갓ᄂ냐 노고지리 우지진다
쇼 칠 아희는 여태 아니 니러ᄂ냐
재너머 ᄉ래[197] 긴 밧츨 언제 갈려 ᄒᄂ니   〈677〉

이택(李澤)[198]

감장새[199] 쟉다 ᄒ고 大鵬아 웃지마라
九萬里長天을 너도 늘고 저도 ᄂ다
두어라 一般飛鳥ㅣ니 네오 긔오 다르랴   〈71〉

김육(金堉)[200]

자내집의 술닉거든 부듸 날 부르시소

---

195) 안서우(1664-1735) : 자는 봉거(鳳擧), 호는 우락옹(雨樂翁). 무주(茂朱) 산수를 즐겨
    복거하다 후에 첨지중추부사에 임명되었으나 나아가지 않음.
196) 남구만(1629-1711) : 자는 운로(雲路), 호는 약천(藥泉). 법을 받들어 사사로움이 없고,
    매양 붕당을 염려하여 오직 공의(公議)를 따랐다고 함. 문하에 글 배우는 선비가
    백여명이나 되었다고 함.
197) 이랑.
198) 이택(1651-1719) : 자는 운몽(雲夢). 1676년 무과(武科)에 급제.
199) 굴뚝새.
200) 김육(1580-1658) : 자는 백후(伯厚), 호는 잠곡(潛谷). 박학하여 여러 방면의 연구와
    저서가 있는데, 문집으로는『감개록집(感慨錄集)』,『잠곡필담(潛谷筆談)』 등이 있음.

내집의 곳픠여든 나도 좌내 請히옴싀
百年껏 시름 니줄 일을 議論코져 ㅎ노라   〈1761〉

김진태(金振泰)201)

歲月이 如流ㅎ니 白髮이 절로 난다
쏩고 쏘 쏩아 졈고져 ㅎ는 쯧은
北堂202)에 親在ㅎ시니 그를 두려 홈이라   〈1183〉

壁上에 걸린 칼이 보믜203)가 낫다 말가
功업시 늙어가니 俗節업시 믄지노라
어즙어 丙子國恥를 씨서 볼가 ㅎ노라   〈910〉

김성기(金聖器)204)

구레버슨 千里馬를 뉘라셔 자바다가
죠쥭205) 슬믄 콩을 슬지게 머겨둔들
本性이 왜양ㅎ거니206) 이실줄이 이시랴   〈219〉

紅塵을 다 썰치고 竹杖芒鞋207) 집고 신고
玄琴을 두러메고 洞天208)으로 드러가니

---

201) 김진태(?-?) : 자는 군헌(君獻), 영조(英祖) 때의 가인(歌人). 경정산가단(敬亭山歌壇)
　　의 한 사람.
202) 북당 : 어머니를 일컬음.
203) 녹.
204) 김성기(?-?) : 자는 자호(子湖)·대재(大哉), 호는 조은(釣隱)·어은(漁隱). 숙종(肅宗)
　　때의 가인(歌人).
205) 겨와 콩을 섞어 만든 죽. 조죽(租粥).
206) 억세고 거치니.
207) 죽장망혜 : 대지팡이와 짚신.

어듸셔 짝을흔 鶴唳聲209)이 구룸밧긔 들린다   〈2327〉

김천택(金天澤)210)

榮辱이 並行ᄒ니 富貴도 不關틋라
第一江山에 내 혼자 님자되야
夕陽에 낙싯대 두러메고 오명가명 ᄒ리라   〈1479〉

田園에 나믄 興을 전나귀211)에 모도 싯고
溪山 니근 길로 흥치며 도라와셔
아희 琴書를 다스려라 나믄 히를 보내리라   〈1827〉

安貧을 슬히 넉여 손 헤다 물러감여
富貴를 불어ᄒ여 손 치다 나아오랴
암아도 貧而無怨이 긔 올흔가 ᄒ노라   〈1344〉

江山 죠흔 景을 힘센이 닷톨양이면
닉 힘과 닉 分으로 어이ᄒ여 엇들쏜이
眞實로 禁ᄒ리 업쓸씨 나도 두고 논이노라   〈84〉

---

208) 동천 : 산수에 둘러싸인 경치 좋은 곳.
209) 학려성 : 학의 울음소리.
210) 김천택(?-?) : 자는 백함(伯涵) 또는 이숙(履叔), 호는 남파(南坡). 조선 영조 때의
    가인(歌人)으로 노가재(老歌齋) 김수장과 가까이 벗함. 1727년에 시조집 『청구영언
    (靑丘永言)』을 엮음.
211) 발을 저는 나귀.

김수장(金壽長)212)

草菴이 寂寥흔딕 벗 업시 흔즈 안즈
平調 한닙213)히 白雲이 절로 존다
언의 뉘 이 죠흔 쯧을 알리 잇다 ᄒ리오   〈2121〉

어화 벗님네야 花柳214) 감여 川獵215) 가시
귀밋틱 흰털럭을 이제 임의 못禁커든
압길이 긴동졀은동 글을 몰라 ᄒ노라   〈1434〉

검음면 희다 ᄒ고 희면 검다 ᄒ네
검거나 희거나 올타ᄒ리 專슝 업다
찰ᄒ로 귀 막고 눈 감아 듯도 보도 말리라   〈122〉

이정보(李鼎輔)216)

狂風에 썰린 梨花 옴여감여 늘리다가
柯枝에 못올으고 검의줄에 걸리거다
져 검의 落花ㄴ줄 모르고 나븨 잡쯧 홀연다   〈210〉

菊花야 너는 어이 三月東風 다 지닉고
落木寒天에 네 홀로 뛰엿는다
아마도 傲霜孤節은 너쑨인가 ᄒ노라   〈236〉

---

212) 김수장(1690-?) : 자는 자평(子平), 호는 노가재(老歌齋). 당시 김천택과 쌍벽인 가인
    (歌人). 1763년에 가집 『해동가요(海東歌謠)』를 찬집함.
213) 평조 : 곡조가 웅심화평(雄深和平)하고 심한 높낮음이 없는 시조창법의 하나.
214) 화류 : 꽃놀이. 화유(花遊)와 같음.
215) 천렵 : 냇물에서 그물로 고기잡이를 하는 일.
216) 이정보(1693-1766) : 자는 사수(士受), 호는 삼주(三洲). 만년에 산수(山水)에 자적하
    였으며 글씨에 능하고 한시의 대가이기도 함.

김우규(金友奎)217)

織女의 烏鵲橋를 어이굴어218) 헐어다가
우리님 계신 곳에 건네 노하 두고라자
咫尺이 千里ᄀᆺ튼이 그를 슬허 ᄒᆞ노라　　　　　　　　〈1931〉

김상옥(金尙玉)219)

靑山아 말 무러 보쟈 古今을 네 알니라
萬古英雄이 몃몃치 지나더냐
이 後에 뭇더니 잇거든 날도 함끠 닐너라　　　　　　　　〈2057〉

익종(翼宗)220)

金樽에 가득ᄒᆞᆫ 술을 玉盞에 밧들고셔
心中에 願ᄒᆞ기를 萬壽無疆 ᄒᆞ오소서
南山이 이 ᄯᅳᆺ을 알아 四時常春 ᄒᆞ시라　　　　　　　　〈291〉

신희문(申喜文)221)

塵世를 다 썰치고 竹杖을 훗쳐 집고
琵琶를 두러 메고 西湖로 드러가니
水中에 ᄶᅥ잇는 白鷗는 늬벗진가 ᄒᆞ노라　　　　　　　　〈1935〉

---

217) 김우규(1691-?) : 자는 성백(聖伯). 영조(英祖) 때의 가인(歌人).
218) 어떻게.
219) 김상옥(?-?) : 해풍(海豊) 사람. 무과(武科)에 등제하여 정종(正宗) 때 병마사(兵馬使)
　　의 벼슬을 지냄.
220) 익종(1809-1830) : 자는 덕인(德寅), 호는 경헌(敬軒). 순조(純祖)의 세자, 헌종(憲宗)의
　　아버지. 추존하여 익종 또는 문조(文祖)라 부름.
221) 신희문(?-?) : 자는 명유(明裕). 신원 미상.

박효관(朴孝寬)222)

空山에 우는 뎝똥 너는 어이 우지는다
너도 날과 갓치 무음 離別ᄒ엿는야
아무리 피ᄂ게 운들 對答이나 ᄒ더냐 〈198〉

님글인 相思夢이 蟋蟀223)이 넉시되야
秋夜長 깁픈밤에 님의房에 드럿다가
날닛고 깁히 든 줌을 씨와볼ᄀ가 ᄒ노라 〈563〉

뉘라셔 ᄀ마귀를 검고凶ᄐ ᄒ닷던고
反哺報恩이 긔 아니 아름다온가
스람이 뎌싀만 못험을 못ᄂᆡ 슬허 ᄒ노라 〈524〉

안민영(安玫英)224)

어리고 성긘 柯枝 너를 밋지 아녓더니
눈ᄃ期約 能히 직혀 두세송이 퓌엿고나
燭줍고 갓가이 스랑헐졔 暗香좃ᄎ 浮動터라 〈1383〉

氷姿 玉質이여 눈ᄃ속에 네로구나
ᄀ마니 香氣 노아 黃昏月225)을 期約ᄒ니
아마도 雅致高節은226) 너쑨인가 ᄒ노라 〈992〉

---

222) 박효관(?-?) : 자는 경화(景華), 호는 운애(雲崖). 철종·고종 때의 가객(歌客). 제자
　　 안민영과 『가곡원류(歌曲源流)』를 편찬, 고종 13년에 완성함.
223) 실솔 : 귀뚜라미.
224) 안민영(?-?) : 자는 성무(聖武)·형보(荊甫), 호는 주옹(周翁). 박효관의 문하에서 노래
　　 를 배움. 저서로 『주옹만록(周翁漫錄)』이 있음.
225) 황혼월 : 저녁달.
226) 아치고절 : 아담한 풍치와 높은 절개.

놉프락 나즈락ᄒ며 멀기와 갓갑기와
모지락 둥그락ᄒ며 길기와 져르기와
平生을 이리ᄒ엿시니 무삼 근심 잇시리   〈500〉

이정진(李廷藎)227)

미암이 밉다 울고 쓸람이 쓰다 우니
山菜를 밉다는가 薄酒를 쓰다는가
우리ᄂ 草野에 뭇첫시니 밉고 쓴쥴 몰ᄂ라   〈742〉
　개야미 불개야미 준둥 부러진 불개야미 압발에 疔腫228) 나고
뒷발에 죵귀 난 불개야미
　廣陵 십재 너머 드러 가람229)의 허리를 ᄀ르무러 추혀 들고
北海를 건너닷 말이 이셔이다 님아 님아
　온 놈이 온 말을 ᄒ여도 님이 짐쟉ᄒ쇼셔   〈109〉

　귓도리 져귓도리 에엿부다230) 져귓도리
　어인 귓도리 지는 달 새는 밤의 긴소ᄅ 쟈른소ᄅ 節節이 슬픈
소ᄅ제 혼자 우러녜어 紗窓 여읜 줌231)을 슬드리도232) ᄱ오ᄂ고야
　두어라 제 비록 微物이나 無人洞房에 내뜻 알리ᄂ 저ᄲᆫ인가 ᄒ
노라   〈269〉

　나모도 바히 돌도 업슨 뫼헤 매게 쪼친 가토리 안과
　大川바다 한가온대 一千石 시른 빅에 노도 일코 닷도 일코 뇽

---

227) 이정진(?-?) : 자는 집중(集仲), 호는 백회재(百悔齋). 영조 때의 가인(歌人).
228) 정종 : 피부병의 일종.
229) 범.
230) 가련하다.
231) 여윈 잠. 살풋 든 잠.
232) 알뜰히도.

총233)도 근코 돗대도 것고234) 치도 싸지고 브람부러 물결치고
안개 뒤섯계 주자진 날에 갈길은 千里萬里 나믄듸 四面이 거머어
득 져믓 天地寂寞 가치노을235) 썻눈듸 水賊 만난 都沙工의 안과
엇그제 님여흰 내 안히야 엇다가 フ을ᄒ리오236)　　　〈330〉

님이 오마 ᄒ거늘 저녁밥을 일지어 먹고 中門 나서 大門 나가
地方우희 치ᄃ라237) 안자 以手로 加額ᄒ고 오눈가 가눈가 건넌山
브라보니 거머횟들 셔잇거늘 져야 님이로다
　보션 버서 품에 품고 신 버서 손에 쥐고 곰븨님븨238) 님븨곰븨
천방지방239) 지방천방 즌듸 ᄆ른듸 골희지 말고 워렁충창240)
건너가서 情엣말 ᄒ려ᄒ고 겻눈을 흘긧보니 上年七月 사흔날 골
가벅긴 주추리 삼대241) 술드리도 날소겨라
　모쳐라242) 밤일싀만졍 힝혀 낫이런들 눔 우일번 ᄒ괘라
　　　　　　　　　　　　　　　　　　　〈579〉

바름도 쉬여 넘눈 고기 구름이라도 쉬여 넘눈 고기
山眞이243) 水眞이244) 海東靑245) 보라미라도 다 쉬여넘눈 高

---

233) 돛대 끝에 달린 굵은 줄.
234) 꺾어지고.
235) 거친 물결이 일어남.
236) 비교하리오.
237) 치올라.
238) 엎치락뒤치락 급히 구는 모양.
239) 너무 급해서 방향을 제대로 잡지 못하고 허둥거리는 모양. 천방지축.
240) 급히 달리는 발소리.
241) 삼대의 줄기.
242) 아서라.
243) 산에서 자라 여러 해 묵은 매.
244) 손으로 길들인 매.
245) 해동청. 송골매.

峯 長城嶺고기

　그넘어 님이 왓다ᄒ면 나는 아니 ᄒᆞ番도 쉬여 넘으리라

〈825〉

　싀어마님 며느라기 낫바 벽바흘246) 구루지 마오
　빗에 바든 며ᄂᆞ린가 갑세 쳐온 며ᄂᆞ린가 밤나모 서근 등걸에 휘초리나 ᄀᆞ치 알살픠션247) 싀아바님 볏뵌 쇳동ᄀᆞ치 되죵고신248) 싀어마님 三年 겨론249) 망태에 새 송곳 부리ᄀᆞ치 쏒족ᄒ신 싀누으님 당피250) 가론 밧틔 돌픠나니ᄀᆞ치 싀노란 욋곳ᄀᆞᄐᆞᆫ 피똥 누는 아들 ᄒ나 두고
　건밧틔251) 멋곳252)ᄀᆞᄐᆞᆫ 며ᄂᆞ리를 어듸를 낫바 ᄒ시는고

〈1271〉

　窓내고쟈 窓을 내고쟈 이내 가슴에 窓내고쟈
　고모장지253)　셰살장지254)　들장지255)　열장지256)　암돌져귀257)　수돌져귀258)　비목259) 걸새 크나큰 쟝도리로 내가슴에 窓내고쟈

---

246) 부엌 바닥을.
247) 매서운.
248) 말라 빠진.
249) 결은[編].
250) 좋은 곡식.
251) 기름진 밭에.
252) 메꽃인 듯. 야생의 꽃.
253) 고무래들창. ‘장지’는 방에 간을 막아 끼운 미닫이.
254) 문살이 가는 장지.
255) 들창문. 들어올려서 매달아 놓게 된 장지문.
256) 열창문. 좌우로 열어 젖히게 된 장지문.
257) 문설주에 박는 구멍 난 돌쩌귀.
258) 문짝에 박는 돌쩌귀.
259) 문고리를 꿰는 쇠. 못같이 생겼으나 대강이에 구멍이 있어서 자물쇠를 꽂게 된 것.

잇다감 하 답답홀제면 여다져 볼가 ᄒ노라　　　　　〈1947〉

즁놈은 승년의 머리털 잡고 승년은 즁놈이 샹토 쥐고
두 쓰니 맛밋고260) 이읜고 져읜고261) 쟉쟈공이 쳔ᄂ듸262)
뭇 쇼경이 구슬 보니
어듸셔 귀머근 벙어리ᄂ 외다 올타 ᄒᄂ니　　　　　〈1915〉

가슴에 궁글263) 둥시러케 뿔고
왼삿기264)를 눈 길게 너슷너슷265) 쇠와 그 궁게 그 숫 너코
두놈이 두 긋 마조 자바 이리로 훌근266) 져리로 훌적 훌근훌적
훌져긔ᄂ 나남즉267) 놈대되268) 그는 아모뽀로나 견듸려니와
아마도 님 외오269) 살라면 그ᄂ 그리 못ᄒ리라　　　　　〈25〉

져건너 月仰바희 우희 밤즁마치270) 부헝이 울면
녯사름 니론 말이 놈의 싀앗되야 줍밉고 양믜와271) 百般巧
邪272)ᄒᄂ 져믄 妾년이 急殺마자 죽ᄂ다 ᄒ데
妾이 對答ᄒ되 안해님겨오셔 망년된말 마오 나ᄂ 듯즈오니 家
翁을 薄待ᄒ고 妾새옴 甚히 ᄒ시ᄂ 늘근 안히님 몬져 죽ᄂ다데

---

260) 두 끈을 맞맺고.
261) 이 사람이 그르냐 저 사람이 그르냐.
262) 짝짜꿍이를 쳤는데. 서로 다투는 일.
263) 구멍을.
264) 왼새끼. 외로 꼰 새기.
265) 느슨하게.
266) 거침없이 가볍게 드나드는 모양.
267) 내[我] 남[他] 할 것 없이.
268) 남이 다 하는 대로.
269) 외따로. 멀리하고.
270) 밤중쯤.
271) 잔밉고 얄미워.
272) 백반교사 : 온갖 간사한 꾀로 환심을 사려 애쓰는 것.

〈1850〉

天寒코 雪深흔 날에 님 츠즈라 天上으로 갈제
신 버서 손에 쥐고 보션 버서 품에 품고 곰븨님쥐 님븨곰븨
천방지방 지방천방 흔번도 쉬지 말고 허위허위 올라가니
보션 버슨 발은 아니 스리되 넘의온 가슴이 산득산득 흐여라

〈2025〉

VII. 가 사

1. 고려 말과 조선 전기의 가사

(1) 서왕가(西往歌)[1]

나옹화상(懶翁和尙)[2]

나도 이럴 망정 世上에 人子러니
無常[3]을 생각하니 다 거즛 것이로쇠
父母의 기친 얼골 죽은 後에 쇽절없다
져근 덧 생각하야 世事를 후리치고
부모께 下直하고 單瓢子[4] 一衲衣[5]로
靑藜杖[6]을 빗기 들고 名山을 차자 들어
善知釋[7]을 親見하야 이 마음을 발키리라

---

1) 고려말 고승인 나옹화상이 지은 것으로 해인사 장판(藏板) 중 『염불보권문(念佛普勸
  文)』과 『新編普勸文』의 부록으로 실려 있음. 가사문학의 효시로 일컬어짐.
2) 나옹화상(1320-1376) : 법명은 혜근(慧根). 호는 나옹(懶翁)·강월(江月). 문집으로 『나
  옹집(懶翁集)』이 전함.
3) 무상 : 물(物)·심(心)의 모든 현상은 한 찰나에도 생멸 변화하여 상주(常住)하는 모양
  이 없다는 것. 사람이 오래 살지 못한다는 것을 말함. 제행무상(諸行無常)의 준말.
4) 단표자 : 하나의 표주박.
5) 일납의 : 한 벌의 기운 옷. 빛이 검은 승려의 옷.
6) 청려장 : 명아주풀의 줄기로 만든 지팡이.
7) 선지석 : 불법을 아는 사람. 또는 불연(佛緣)을 맺게 하는 사람. 선지식(善知識), 선친우
  (善親友)라고도 함.

千經萬論을 낫낫치 追尋하야

六賊8)을 자부리라 虛空馬9)를 빗기 타고

莫邪劍10)을 손애 들고 五蘊山11) 드러가니

諸山12)은 疊疊하고 四相山13)이 더욱 높다

六根門頭14)에 자최 업난 도적은

나며 들며 하난 中에 煩惱心 베쳐 노코15)

智慧로 배를 무어16) 三界17) 바다 건네리라

念佛衆生 실어 두고 三乘18) 짐대19)예 一乘 돗20) 달아 두니

春風은 順히 불고 白雲이 섯도난대

人間을 생각하니 슬프고 셜운디라

念佛 마난 衆生들아 몇 生을 살냐하고

---

8) 육적 : 색(色) · 성(聲) · 향(香) · 미(味) · 촉(觸) · 법(法)의 육근을 매개로 하여 일어나는 번뇌. 이 번뇌가 중생의 증과(證果)에 이를 수 있는 공덕을 빼앗으므로 도적에 비유함. 육경(六境), 육진(六塵)이라고도 함.

9) 허공마 : '사람의 빈 마음'을 비유한 말.

10) 마야검 : '마야'는 마법 · 마술을 말함. 여기서는 '불법(佛法)을 아는 것'을 비유해서 한 말.

11) 오온산 : 오온(五蘊)은 색온(色蘊) · 수온(受蘊) · 상온(想蘊) · 행온(行蘊) · 식온(識蘊). 오음(五陰), 오중(五衆), 오취(五聚)라고도 함. 곧 사람의 몸과 마음.

12) 제산 : 세상의 온갖 번뇌심.

13) 사상산 : 중생이 실재(實在)라고 믿는 네 가지 상(相). 곧 아상(我相) · 인상(人相) · 중생상(衆生相) · 수자상(修者相). 또는 일기(一期)의 사상(四相), 과보사상(果報四相)이라고 하는 생(生) · 노(老) · 병(病) · 사(死)를 말함.

14) 육근문두 : '육근(六根)'은 눈 · 귀 · 코 · 혀 · 몸 · 뜻(意). 이곳으로 번뇌심이 들고 난다고 생각해서 육근을 '문'으로 비유함.

15) 베어 놓고.

16) 만들어.

17) 삼계 : 식(食) · 음(婬) · 수면(睡眠)의 세 욕망이 가득 찬 욕계(欲界), 욕(欲)은 없으나 미묘한 형체를 가진 색계(色界), 순정 신적 존재의 세계인 무색계(無色界)를 말함.

18) 중생을 태우고 생사의 바다를 건너는 세 가지 방법. 곧 깨달음에 이르는 세 가지 방법. 성문승(聲聞乘), 연각승(緣覺乘), 보살승(菩薩乘)을 말함.

19) 돛대. 불교에서 돌이나 쇠로 만들어 당(幢)을 달아 세우는 대를 말함.

20) 일승 돗 : 일체 중생을 교화하여 성불케 하는 유일한 가르침. 곧 부처님의 말씀과 교리를 비유해서 이른 말.

世事만 貪着하야 愛慾에 잠겼난다

하라도 열 두 時오 한 달도 설흔 날에

어나 날에 閑暇한 境界 어들런고

淸淨한 佛性은 사람마다 가자신들 어나 날에 생각하며

恒沙功德21)은 本來 具足한들 어나 時에 나야 쓸고

西往22)은 멀어디고 地獄은 갓갑도쇠

이 보시소 어로신내 勸하노니 種諸善根23) 심으시소

今生애 하온 功德 後生에 受하나니

百年貪物은 하로 아적 듯글24) 이오

三日 하온 念은 百千萬劫에 다함 업산 보배로쇠

어와 이 보배 歷千劫而不古25)하고 極萬世而長今26)이라

乾坤이 넙다한들 이 마음에 미칠손가

日月이 밝다한들 이 마음에 미칠손가

三世27)諸佛은 이 마음을 아르시고

六道衆生28)은 이 마음을 져 바릴새

三界輪廻를 어느 날애 긋칠손고

져근 닷 생각하야 마음을 깨쳐 먹고

太昊를 생각하니 山疊疊 水潺潺

風瑟瑟 花明明 하고 松竹은 落落한듸

華嚴 바다29) 건네 저어 極樂世界 드러가니

---

21) 항사공덕 : 항하(恒河)의 모래와 같이 무수한 공덕.
22) 서왕 : 극락세계.
23) 종제선근 : 부모효양(父母孝養), 불공, 보시, 염불, 시주(施主) 등 착한 일.
24) 티끌.
25) 역천겁이불고 : 천겁이 지나도 낡지 않음.
26) 극만세이장금 : 사람의 불성(佛性)은 만세가 다하도록 길이 존재함.
27) 삼세 : 과거, 현재, 미래. 전세, 현세, 내세.
28) 육도중생 : 자신의 업과(業因)에 의해 천상과 인간, 귀신과 지옥, 짐승과 수라의 여섯
    도정(道程)을 윤회하는 중생.
29) 화암바다 : 화장(華藏)바다. 인간세계.

七寶錦地30)에 七寶網을 둘러시니 求景하기 더욱 조해
九品蓮臺31)에 念佛 소래 자자 잇고
靑鶴白鶴과 鸚鵡孔雀과 金鳳靑鳳은 하나니 念佛일쇠
淸風이 건듯 부니 念佛소래 요요하외
어와 슬프다 우리도 人間애 나왔다가 念佛 말고 어이 할고
南無阿彌陀佛

(『염불보권문(念佛普勸文)』)

(2) 상춘곡(賞春曲)32)

정극인(丁克仁)33)

紅塵34)에 뭇친 분네 이내 生涯 엇더ᄒ고
넷 사름 風流를 미츨가 못 미츨가
天地間 男子 몸이 날만혼 이 하건마ᄂᆞ
山林에 뭇쳐 이셔 至樂을 모를 것가35)
數間茅屋을 碧溪水 앏픠 두고
松竹 鬱鬱裏예 風月主人 되여셔라

---

30) 칠보금지 : 금, 은, 차거(磲磲), 마노, 산호, 호박, 진주의 일곱 가지 보옥으로 된 곳.
31) 구품련대 : 행업의 우열에 따라 정토에 왕생하는 사람이 앉는 아홉 종의 연꽃 대좌. 상품상생으로부터 하품하생에까지 구품의 연대가 있음.
32) 정극인(丁克仁)이 만년에 치사(致仕)하고 전남 태인으로 돌아와 후진을 양성하며 자연에 묻혀 살 때 지은 가사. '상춘곡'이란 명칭대로 봄을 완상하며 풍류생활을 노래함.
33) 정극인(1401-1481) : 조선 전기의 문신·학자. 호는 불우헌(不憂軒)·다헌(茶軒). 성종이 삼품교관(三品敎官)을 내리니 감격하여 단가(短歌) <불우헌가>, 경기체가인 <불우헌곡>을 지었음.
34) 홍진 : 어지럽고 속된(번거로운) 인간 세상.
35) 모르는 것인가.

엇그제 겨을 지나 새봄이 도라오니
桃花 杏花는 夕陽裏예 퓌여 잇고
綠楊 芳草는 細雨中에 프르도다
칼로 몰아낸가36) 붓으로 그려낸가
造化神功이 物物마다 헌스룹다37)
수풀에 우는 새는 春氣를 뭇내 계워 소릭마다 嬌態로다
物我一體어니 興이이 다룰소냐
柴扉38)예 거러 보고 亭子애 안자 보니
逍遙吟詠ᄒ야 山日이 寂寂ᄒ듸
閒中眞味를 알 니 업시 호재로다
이바 니웃드라 山水 구경 가쟈스라
踏靑39)으란 오늘 ᄒ고 浴沂40)란 來日ᄒ새
아춤에 採山41)ᄒ고 나조희42) 釣水43)ᄒ새
ᄀᆺ 괴여 닉은 술을 葛巾으로 밧타 노코
곳나모 가지 것거 수 노코 먹으리라
和風이 건둣 부러 綠水를 건너오니
淸香은 잔에 지고, 落紅은 옷새 진다
樽中44)이 뷔엿거든 날ᄃ려 알외여라

---

36) 재단해 내었는가.
37) 야단스럽다. 굉장하다. 화려하다.
38) 사립문.
39) 답청 : 삼짇날(3월 3일) 들에 나가 새 봄에 파랗게 돋은 풀을 밟고 산책하며 자연을
    즐기는 풍속.
40) 욕기 : 기수(沂水)에서 목욕함.『논어(論語)』, '선진(先進)」에 나오는 말. 공자가 제자
    들에게 평소 하고 싶은 일이 무엇이냐고 묻자 자로를 비롯한 모든 제자들이 정치적
    야심을 말하는데, 오직 증점(曾點)만이 '늦은 봄날 봄옷을 입고 어린 아이 예닐곱과
    기수(沂水)에서 목욕하고 무우대(舞雩臺)에서 바람을 쐬고, 시를 읊조리면서 돌아오
    겠다(浴乎沂 風乎舞雩 詠而歸)'고 대답했음.
41) 채산 : 산나물을 뜯음. '채산채(採山菜)'에서 '菜'를 생략함.
42) 저녁에.
43) 조수 : 물고기를 잡음. '조수어(釣水魚)'에서 '魚'를 생략함.

小童 아히ᄃ려 酒家에 술을 믈어
얼운은 막대 집고 아히는 술을 메고
微吟緩步ᄒ야 시냇ᄀ의 호자 안자
明沙 조흔 믈에 잔 시어 부어 들고
淸流를 굽어보니 ᄯᅥ오ᄂᆞ니 桃花ㅣ로다
武陵45)이 갓갑도다 져 ᄆᆡ이 긘 거이고
松間細路에 杜鵑花를 부치 들고
峰頭에 급피 올나 구름 소긔 안자 보니
千村萬落이 곳곳이 버러 잇ᄂᆡ
煙霞日輝46)는 錦繡를 재펏는 듯
엇그제 검은 들이 봄빗도 有餘홀샤
功名도 날 씌우고47) 富貴도 날 씌우니
淸風明月 外에 엇던 벗이 잇ᄉᆞ올고
簞瓢陋巷에 훗튼 혜음 아니ᄒᆞᄂᆡ
아모타 百年行樂이 이만흔들 엇더ᄒᆞ리

(『불우헌집(不憂軒集)』)

---

44) 준중 : 술동이 속.
45) 무릉 : '무릉도원(武陵桃源)'의 준말. 별천지(別天地) 또는 선경(仙境)을 가리킴. 무릉
　　도원은 진(晋)나라 도연명의 <도화원기(桃花源記)>에 나오는 곳으로, 호남성(湖南
　　省) 무릉현(武陵縣)에 있었다고 함.
46) 연하일휘 : 안개와 노을과 빛나는 햇빛.
47) 꺼리고.

(3) 면앙정가(俛仰亭歌)48)

송순(宋純)49)

无等山 흔 활기50) 뫼히 동 다히로 버더 이셔

멀리 쎼쳐51) 와 霽月峯52)이 되여거늘

無邊大野의 므슴 짐쟉53) 흐노라

일곱 구비 흔듸 움쳐 믄득 믄득 버려는 듯

가온대 구비는 굼긔54) 든 늘근 뇽이

선줌을 굿 씌야 머리를 안쳐시니

너른바회55) 우희 松竹을 헤혀고56) 亭子를 안쳐시니

구름 튼 청학이 千里를 가리라 두 나릭 버럿는 듯

玉泉山 龍泉山 느린 물히

亭子 압 너븐 들히 兀兀히57) 펴진 드시

넙쎠든 기노라 프르거든 희지마니58)

雙龍이 뒤트는 듯 긴 깁을 치펏는 듯

어드러로 가노라 므슴 일 비얏바59)

---

48) 송순이 40세 무렵 중종 28년(1533) 그의 향리(鄕里)인 전남 담양 기촌(企村)에 면앙정을 짓고 전원을 벗삼아 즐기며 한거하는 생활을 노래한 가사.

49) 송순(1493-1582) : 호는 면앙정(俛仰亭) · 기촌(企村), 담양 출신으로 호남가단을 형성함. 강호가도(江湖歌道)의 선구자로, 이황(李滉) · 정철 등에게 영향을 줌. 저서로 『기촌집』 · 『면앙집(俛仰集)』 등이 있으며, 가사 <면앙정가>와 시조 20여 수가 전함.

50) 활기 : 활개[肢]. 여기서는 '산줄기'를 말함.

51) 떨치어.

52) 제월봉 : 전남 담양에 있는 산.

53) 생각.

54) 구멍에.

55) 너럭바위.

56) 헤치고.

57) 올올히 : 올마다. 가닥가닥이.

58) 희지나 말든가.

닷는 듯 쓰로는 듯 밤ㄴㅈ로 흐르는 듯

므조친[60] 沙汀은 눈ᄀᆞ치 펴졋거든

어즈러은 기럭기는 므스거슬 어르노라

안즈락 ᄂᆞ리락[61] 모드락 훗트락

蘆花[62]을 ᄉᆞ이 두고 우러곰 좃니는뇨

너븐 길 밧기요 긴 하늘 아릐

두르고 쏘즌 거슨 뫼힌가[63] 屛風인가 그림가 아닌가

노픈 듯 ᄂᆞ즌 듯 긋는 듯 닛는 듯

숨거니 뵈거니 가거니 머믈거니

어즈러온 가온듸 일홈 눈 양ᄒᆞ야

하늘도 젓치[64] 아녀 웃독이 셧는 거시 秋月山[65] 머리 짓고

龍龜山 鳳仙山 佛臺山 魚燈山 湧珍山 錦城山[66]이 虛空의 버러거든

遠近蒼崖의 머믄 것도 하도 할샤

흰 구름 브흰 煙霞 프로니는 山嵐[67]이라

千岩 萬壑을 제 집을 삼아 두고

나명셩 들명셩 일희[68]도 구는지고

오르거니 ᄂᆞ리거니 長空의 써나거니 廣野로 거너거니

프르락 불그락 여토락 지트락

斜陽과 서거지어 細雨조ᄎᆞ 쓰리는다

藍輿를 ᄇᆡ야 ᄐᆞ고[69] 솔 아릐 구븐 길노 오며 가며 ᄒᆞ는 적의

---

59) 바빠[促].

60) 물을 좇은. 물을 따라 펼쳐진.

61) 앉았다 날았다.

62) 노화 : 갈대꽃.

63) 산인가.

64) 두려워하지.

65) 추월산 : 전남 담양에 있는 산,

66) 봉선산, 어등산은 夢仙山, 魚登山의 오기. 모두 전라도 창평에 있는 산 이름.

67) 산람 : 산 아지랑이. 산속에 생기는 아지랑이 같은 기운.

68) 아양. 응석. 교태.

綠楊의 우는 黃鸚 嬌態 겨워 ᄒᆞᄂᆞᆫ괴야
나모 새 ᄌᆞᄌᆞ지어70) 綠陰이 얼린 적의71)
百尺 欄干의 긴 조으름 내여 펴니
水面 涼風야 긋칠 줄 모르ᄂᆞᆫ가
즌서리 ᄲᅡ진72) 후의 산빗치 금슈로다
黃雲73)은 ᄯᅩ 엇지 萬頃의 편거지요
漁笛도 흥을 계워 ᄃᆞᆯ를 ᄯᆞ라 브ᄂᆞᄂᆞ다
草木 다 진 후의 江山이 ᄆᆡ몰커ᄂᆞᆯ
造物리 헌ᄉᆞᄒᆞ야 氷雪노 ᄭᅮ며 내니
瓊宮瑤臺74)와 玉海銀山75)이 眼底에 버러세라
乾坤도 가음 열샤76) 간 대마다 경이로다
人間을 ᄯᅥ나와도 내 몸이 겨를 업다
니것도 보려ᄒᆞ고 져것도 드르려코
ᄇᆞ룸도 혀려ᄒᆞ고 ᄃᆞᆯ도 마즈려코
밤으란 언제 줍고 고기란 언제 낙고
柴扉란 뉘 다드며 딘 곳츠란 뉘 쓸려료
아춤이 낫브거니77) 나조히라 슬흘소냐
오ᄂᆞᆯ리 不足거니 내일리라 有餘ᄒᆞ랴
이 뫼히 안ᄌᆞ 보고 져 뫼히 거러 보니

<hr>

69) 재촉하여 타고.
70) 서로 섞여. 우거져.
71) 엉킨 때에. 또는 한창일 때에.
72) 걷힌.
73) 황운 : 누런 구름. 여기서는 누렇게 익은 곡식을 가리킴.
74) 경궁요대 : 아름다운 구슬로 장식한 궁궐과 누각. 겨울철에 눈으로 덮인 자연의
    아름다운 경치를 형용한 말.
75) 옥해은산 : 옥으로 만든 바다와 은으로 만든 산. 겨울철 눈과 얼음에 덮인 자연의
    아름다운 경치.
76) 넉넉하고 풍성하구나.
77) 부족하여 모자라니.

煩勞흔 무음의 부릴 일리 아조 업다
쉴 스이 업거든 길히나 젼흐리야
다만 흔 靑藜杖78)이 다 뫼되여79) 가노미라
술리 닉어거니 벗지라 업슬소냐
블니며 투이며 혀이며 이아며80)
온가짓 소릭로 醉興을 빈야거니
근심이라 이시며 시름이라 브터시랴
누으락 안즈락 구브락 져츠락
을프락 프람흐락81) 노혜로82) 노거니
天地도 넙고넙고 日月도 흔가흐다
羲皇83)을 모을너니 니 적이야 긔로고야84)
神仙이 엇더턴지 이 몸이야 긔로고야
江山風月 거늘리고 내 百年을 다 누리면
岳陽樓 上의 李太白85)이 사라 오다
浩蕩情懷야 이예셔 더흘소냐
이 몸이 이렁굼도 亦君恩이샷다

---

78) 명아주 줄기로 만든 지팡이.
79) 무디어. 못쓰게 되어.
80) 부르게 하며, (악기를) 타게 하며, (줄로 된 악기를) 켜게 하며, 떨게 하며(혼들며).
81) 읊다가 휘파람 불다가.
82) 마음놓고. 거리낌없이.
83) 희황 : 중국 고대의 삼황오제(三皇五帝) 중 한 사람인 복희씨(伏羲氏). 무위지치(無爲
　　之治)의 대명사로 쓰이며, 백성들에게 어렵과 목축을 가르치고, 팔괘를 만들었다고
　　함. 여기서는 복희씨 시대와 같은 '태평성대'를 가리킴.
84) 이때야말로 그때로구나.
85) 악양루 상의 이태백 : '악양루'는 중국 호남성 동정호(洞庭湖)에 있는 누각. '이태백'
　　은 중국 당나라 시인인 이백. 곧 동정호에 있는 악양루에 올라 시를 지으며 풍류를
　　즐겼던 이백을 뜻함.

(4) 성산별곡(星山別曲)86)

정철(鄭澈)87)

엇던 디날 손이 星山88)의 머믈며셔
棲霞堂89) 息影亭90) 主人아 내 말 듯소
人生 世間의 됴흔 일 하건마는
엇디흔 江山을 가디록 나이 녀겨91)
寂寞 山中의 들고 아니 나시는고
松根을 다시 쓸고 竹床의 자리 보아
져근덧92) 올라 안자 엇던고 다시 보니
天邊의 쩐는 구름 瑞石93)을 집을 사마
나는 듯 드는 양이 主人과 엇더흔고
滄溪 흰 믈결이 亭子 알픠 둘러시니
天孫雲錦94)을 뉘라셔 버혀 내여
닛는 듯 펴티는 듯 헌스토 헌스홀샤95)

---

86) 정철이 25세 되던 명종 15년(1560)에 전남 담양의 서하당(棲霞堂)과 식영정(息影亭)에서 조선 선조 때 성산의 사선(四仙)이라 일컬어지던 석천(石川) 임억령, 서하당(棲霞堂) 김성원, 제봉(霽峰) 고경명과 교유, 수학하며 성산의 풍치와 김성원의 풍류를 예찬하여 지은 가사.
87) 정철(1536-1593) : 자는 계함(季涵), 호는 송강(松江). 고산(孤山) 윤선도(尹善道)와 더불어 한국 시가사의 쌍벽으로 일컬어짐. 문집으로 『송강집(松江集)』, 『송강가사(松江歌辭)』가 있음.
88) 성산 : 지금의 전남 담양군 창평면 지곡리에 있는 산.
89) 서하당 : 김성원(金成遠)이 지은 정자 이름.
90) 식영정 : 김성원이 임억령을 위하여 지은 정자 이름.
91) 갈수록 낫게(좋게) 여겨.
92) 잠깐.
93) 서석 : 광주 무등산 꼭대기에 있는 서석대(瑞石臺).
94) 천손운금 : '천손'은 '직녀성(織女星)'의 별칭. '운금'은 구름 같은 비단. 곧 직녀가 짠 아름다운 비단이란 뜻으로 은하수를 가리킴.

山中의 冊曆 업서 四時를 모루더니
눈 아래 헤틴 景이 쳘쳘이 절노 나니
듯거니 보거니 일마다 仙間이라
梅窓 아젹96) 벼퇴 香氣에 잠을 끼니
山翁97)의 히욜 일이 곳 업도 아니ᄒ다
울밋 陽地편의 외씨를 셰허 두고98)
미거니 도도거니 빗김의 달화내니99)
靑門故事100)를 이제도 잇다 홀다
芒鞋를 뵈야 신고101) 竹杖을 홋더디니102)
桃花 핀 시내길히 芳草洲103)예 니어셰라
닷봇근104) 明鏡中 절로 그린 石屛風
그림애105)를 버들 사마 西河로 흠씌 가니
桃源은 어드매오 武陵이 여긔로다
南風이 건듯 부러 綠陰을 헤텨 내니
節 아는 괴꼬리는 어드러셔 오돗던고
羲皇벼개106) 우희 픗줌을 얼픗 끼니
空中 저즌 欄干107) 믈 우희 쎠 잇고야

---

95) 잇는 듯 펼치는 듯 야단스럽기도 야단스럽구나.
96) 아침.
97) 산옹 : 산에 사는 늙은이. 여기서는 김성원을 가리킴.
98) 뿌려두고.
99) 비가 온 김에 가꾸어 내니.
100) 청문고사 : 청문의 옛 일. '청문'은 한나라 장안성(長安城)의 동남문(東南門). 진(秦)
    나라 때 소평(邵平)이 동릉후(東陵侯)로 있다가 진나라가 망하자 벼슬을 그만두고
    청문 밖에 외를 심고 지냈다. 그가 키운 외를 '청문과(靑門瓜)'라 함.
101) 재촉하여 신고.
102) 여기 저기 아무데나 짚으니. 되는 대로 옮겨 놓으니.
103) 방초주 : 꽃다운 풀이 있는 물가.
104) 닷 봇근 : 잘 닦은.
105) 그림자.
106) 희황베개 : 모서리에 희황상인(羲皇上人)을 수놓은 베개.
107) 공중 저즌 난간 : 공중에 솟아 있는 난간이 물 속에 비쳐 젖어있다고 함.

麻衣룰 니믜 추고108) 葛巾을 기우 쓰고109)

구부락 비기락110) 보눈 거시 고기로다

ᄒᆞᄅᆞ밤 비ᄭᅴ운의 紅白蓮이 섯거 픠니

ᄇᆞ람ᄭᅴ 업서셔 萬山이 향긔로다

濂溪111)룰 마조 보와 太極112)을 뭇줍눈 둣

太乙眞人113)이 玉字룰 헤혓눈 둣114)

鸕鶿巖115) 건너 보며 紫微灘116) 겨틔 두고

長松을 遮日 사마 石逕의 안자ᄒᆞ니

人間 六月이 여긔눈 三秋로다

淸江의 썻눈 올히117) 白沙의 올마 안자

白鷗룰 벗을 삼고 줌 씰 줄 모ᄅᆞᄂᆞ니

無心코 閑暇ᄒᆞ미 主人과 엇더ᄒᆞ니

梧桐 서리달118)이 四更의 도다 오니

千巖萬壑이 나진들 그러ᄒᆞᆯ가

湖洲 水晶宮119)을 뉘라셔 옴겨 온고

銀河룰 쮜여 건너 廣寒殿120)의 올랏눈 둣

---

108) 여미어 입고.

109) 기울게 쓰고.

110) 구부렸다가 비스듬히 하였다가.

111) 염계 : 중국 송나라의 도학자(道學者) 주돈이(周敦頤)의 호. <애련설(愛蓮說)>을
지었음.

112) 태극 : 우주의 근본 원리.

113) 태을진인 : 천지의 도를 터득한 신선. '태을'은 천신(天神), '진인'은 신선을 뜻함.

114) 옥자룰 헤혓눈 둣 : 우(禹) 임금이 잠을 깨어 황제지악(皇帝之岳)에서 돌을 헤쳐
그 속에서 황제가 남긴 비결서인 '금간옥자(金簡玉字)'를 얻은 듯이.

115) 노자암 : 식영정 아래 창계(蒼溪)에 있는 바위 이름.

116) 자미탄 : 식영정 아래에 있는 여울 이름.

117) 올히 : 오리[鴨].

118) 서리가 내린 밤에 뜬 달.

119) 호주 수정궁 : 호주의 수정으로 만든 궁전. '호주'는 복주부(福州府) 서호(西湖)에
있는 섬.

120) 광한전 : 달 속에 있다는 궁전.

짝 마즌 늘근 솔란 釣臺예 셰여 두고

그 아래 빅를 씌워 갈대로 더뎌 두니

紅蓼花121) 白蘋洲122) 어느 스이 디나관듸

環碧堂123) 龍의 소124)히 빗머리예 다하셰라

淸江 綠草邊의 쇼 머기는 아희들이

어위롤 계워125) 短笛을 빗기 부니

믈 아래 즘긴 龍이 줌 쬐야 니러날 듯

닉믜예126) 나온 鶴이 제 기술 브리고 半空의 소소쓸 듯

蘇仙127) 赤壁128)은 秋七月이 됴타 호듸

八月 十五夜롤 모다 엇디 과ᄒ는고129)

纖雲이 四捲ᄒ고130) 믈결이 채 잔 적의

하늘의 도든 둘이 솔 우희 올라시니

잡다가 쌔딘 줄이 謫仙이 헌ᄉ홀샤131)

空山의 싸힌 닙흘 朔風이 거두 부러132)

쎼구름 거ᄂ리고 눈조차 모라오니

天公133)이 호ᄉ로와 玉으로 고츨 지어

---

121) 홍료화 : 단풍이 들어 붉게 된 여뀌꽃.
122) 백빈주 : 흰개구리밥풀이 떠 있는 물가.
123) 환벽당 : 성산 맞은편 작은 언덕 위에 있는 집. 사촌(沙村) 김윤제(金允悌 : 1501-1572)
　　 가 지어서 살던 집.
124) 용의 소 : 성산의 승지 중 하나인 '용추(龍湫)'를 이름.
125) 흥을 이기지 못하여.
126) 안개 기운에(烟波에).
127) 소선 : 소동파(蘇東坡). 당송 팔대가의 한사람으로 이름은 식(軾).
128) 적벽 : 중국 호북성 가어현 서쪽에 있는 적벽강.
129) 칭찬하는가.
130) 섬운이 사권ᄒ고 : 엷고 고운 구름(새털구름)이 사방으로 걷히고.
131) 중국 당나라의 시인 이백이 채석강(采石江)에서 놀다 술에 취하여 물 속에 비친
　　 달을 잡는다고 들어가 빠져 죽은 것을 가리킴. '적선'은 하늘에서 귀양 온 신선,
　　 곧 이백.
132) 거두어들이듯이 불어. 휩쓸어 불어.
133) 천공 : 조물주. 하느님.

萬樹千林을 꾸며곰 낼셰이고

압 여흘 フ리 어러[134] 獨木橋[135] 빗겻눈딕[136]

막대 멘 늘근 즁이 어늬 뎔로 간닷말고

山翁[137]의 이 富貴를 늠두려 헌수마오[138]

瓊瑤窟[139] 隱世界를 추잘이 이실셰라

山中의 벗이 업서 黃卷[140]를 빠하 두고

萬古人物을 거스리 혜여ᄒ니

聖賢은ᄏ니와 豪傑도 하도 할샤

하늘 삼기실 제 곳 無心홀가마는

엇디ᄒ 時運이 일락배락[141] ᄒ얏눈고

모룰 일도 하거니와 애들옴도 그지업다

箕山의 늘근 고불 귀눈 엇디 싯돗던고[142]

一瓢를 썰틴 後[143]의 조장[144]이 더옥 놉다

人心이 눗 ᄀ트야[145] 보도록 새롭거눌

---

134) 가리어 얼어. 또는 덮어서 얼어[氷]. 전면이 얼어 붙어.

135) 독목교 : 외나무다리.

136) 비스듬히 놓였는데, 가로 놓였는데.

137) 산옹 : 김성원(金成遠)을 말함.

138) 떠들고 자랑마오.

139) 경요굴 : '아름다운 구슬로 된 굴'이란 뜻으로, 달나라를 뜻함. 여기서는 성산(星山)
의 아름다움을 말함.

140) 황권 : 서적을 말함. '한기(漢記)'라고도 되어 있음.

141) 일락배락 : 흥했다가 망했다가.

142) 기산은 중국 하남성 행당현 서북쪽에 있는 산으로 당(唐) 요(堯) 때 허유(許由)와
소부(巢父)가 은거할 때 요임금이 찾아와 허유에게 천하를 물려 주겠다고 하자
더러운 소리를 들어 귀가 더럽혀졌다고 하며 영수(穎水)에서 귀를 씻었다는 고사.
'고불'은 '명사고불(名士古佛)'의 준말로 나이가 많은 사람, 옛날의 불상을 뜻하나
여기서는 허유를 가리킴.

143) 표주박 하나도 귀찮고 성가시다고 내던져 버린 후에. 이본에 '박소릭 핀계ᄒ고'로
되어 있음.

144) 지조(志操)와 행장(行狀).

145) 낯[顔]과 같아서.

世事는 구롬이라 머흐도 머흘시고
엇그제 비즌 술이 어도록 니건느니
잡거니 밀거니 슬ㅋ장 거후로니
  음의 미친 시름 져그나 흐리느다146)
거믄고 시욹147) 언저 風入松148) 이야고야149)
손인동 主人인동 다 니저 브려셰라
長空의 썻는 鶴이 이 골의 眞仙이라
瑤臺 月下150)의 힝혀 아니 만나신가
손이셔 主人드려 닐오듸 그듸 권가 흐노라

(『송강가사(松江歌辭)』)

(5) 사미인곡(思美人曲)151)

정철(鄭澈)

이 몸 삼기실 제152) 님을 조차 삼기시니
흔싱 緣分이며 하늘 모를 일이런가
나 흐나 졈어 잇고 님 흐나 날 괴시니
이   음 이 스랑 견졸 듸 노여153) 업다

---

146) 낫는다[癒]. 풀린다. 줄어든다[減].
147) 금류(琴類)의 줄[絃].
148) 풍입송 : 고려시대 악곡의 이름.
149) 이로구나!
150) 요대 월하 : 달의 아래에. '요대'는 달의 다른 이름.
151) 정철이 선조 18년(1585) 8월에 동인(東人)의 논척(論斥)을 받아 벼슬을 그만두고,
    선조 22년(1589)까지 4년 동안 전남 고양과 창평에서 지낼 때 지은 연군가사(戀君歌
    詞). 선조를 사모하는 간절한 연군(戀君)의 정을 노래함.
152) 생겨날 때. 태어날 때.

平生애 願ᄒᆞ요디 ᄒᆞᆫ디 녜쟈154) ᄒᆞ얏더니
늙거야 므스 일로 외오 두고 그리ᄂᆞᆫ고
엇그제 님을 뫼셔 廣寒殿155)의 올낫더니
그 더디 엇디ᄒᆞ야 下界예 ᄂᆞ려오니
올 저긔 비슨 머리 헛틀언디 삼년일쇠
臙脂粉 잇ᄂᆡ마ᄂᆞᆫ 눌 위ᄒᆞ야 고이 홀고
ᄆᆞ음의 미친 실음 疊疊이 빠혀 이셔
짓ᄂᆞ니 한숨이오 디ᄂᆞ니 눈물이라
人生은 有限ᄒᆞᆫ디 시름도 그지업다
無心ᄒᆞᆫ 歲月은 믈 흐ᄅᆞᆺ 듯 ᄒᆞᄂᆞᆫ고야
炎涼156)이 ᄲᅢ를 아라 가ᄂᆞᆫ 듯 고텨 오니
듯거니 보거니 늣길 일도 하도 할샤
東風이 건듯 부러 積雪을 헤텨 내니
窓 밧긔 심근 梅花 두세 가지 픠여셰라
ᄀᆞᆺ득 冷淡ᄒᆞᆫ디 暗香은 므스 일고
黃昏의 ᄃᆞᆯ이조차 벼마티157) 빗최니
늣기ᄂᆞᆫ 듯 반기ᄂᆞᆫ 듯 님이신가 아니신가
뎌 梅花 것거 내여 님 겨신 ᄃᆡ 보내오져
님이 너를 보고 엇더타 너기실고
ᄭᅩᆺ 디고 새닙 나니 綠陰이 ᄭᆯ렷ᄂᆞ디
羅幃158) 寂寞ᄒᆞ고 繡幕159)이 뷔여 잇다
芙蓉160)을 거더 노코 孔雀161)을 둘러 두니

---

153) 다시.
154) 함께(한 데) 가자.
155) 광한전 : 달 속에 있다는 상상의 궁전
156) 염량 : 무덥고 서늘함. 곧 사시(四時)의 바뀜을 말함.
157) 베개 맡에. 베갯머리에.
158) 나위 : 비단으로 만든 휘장.
159) 수막 : 수를 놓아 만든 장막.

곳득 시름 한디 날은 엇디 기돗던고
鴛鴦錦 버혀 노코 五色線 플터내여162)
금자히 견화이셔163) 님의 옷 지어내니
手品은 ᄏᆞ니와 制度도 ᄀᆞ줄시고164)
珊瑚樹 지게 우힉 白玉函의 다마 두고
님의게 보내오려 님겨신 딕 ᄇᆞ라보니
山인가 구름인가 머흐도 머흘시고
千里 萬里 길히 뉘라셔 츳자갈고
니거든165) 여러 두고 날인가 반기실가
ᄒᆞᄅ밤 서리김의 기러기 우러 녈 제
危樓166)에 혼자 올나 水晶簾을 거든마리
東山의 둘이 나고 北極의 별이 뵈니
님이신가 반기니 눈믈이 절로 난다
淸光167)을 픠워 내여 鳳凰樓168)의 붓티고져
樓 우힉 거러 두고 八荒169)의 다 비최여
深山窮谷 졈170)낫ᄀᆞ티 밍ᄀᆞ쇼셔
乾坤이 閉塞171)ᄒᆞ야 白雪이 ᄒᆞᆫ비친 제
사름은 ᄏᆞ니와 ᄂᆞᆯ새도 긋처 잇다
瀟湘南畔172)도 치오미 이러커든

<hr>

160) 부용 : 연꽃 무늬 비단으로 만든 방장. 부용장(芙蓉帳).
161) 공작 : 공작의 무늬가 있는 병풍. 공작병(孔雀屛).
162) 풀어내어.
163) 겨누어서. 재어서.
164) 솜씨는 말할 것도 없거니와 격식도 갖추었구나.
165) 가거든. 이르거든.
166) 위루 : 높은 누각.
167) 청광 : 맑은 달빛.
168) 봉황루 : 임금 계시는 곳.
169) 팔황 : 팔방(八方), 즉 온 세계.
170) 조금. 좀.
171) 폐색 : 꽉 닫히고 막힘. 곧 겨울의 추위에 모든 것이 얼어 생기가 막혀 버림.

玉樓高處야 더옥 닐러 므슴ᄒ리

陽春을 부처 내여 님 겨신 ᄃᆡ 쏘이고져

茅簷 비쵠 ᄒᆡ를 玉樓의 올리고져

紅裳을 니믜 ᄎ고173) 翠袖를 半만 거더

日暮脩竹174)의 혬가림175)도 하도 할샤

댜른176) ᄒᆡ 수이 디여 긴 밤을 고초 안자

靑燈 거론 겻틔 鈿箜篌177) 노하 두고

꿈의나 님을 보려 ᄐᆞᆨ 밧고 비겨시니

鴦衾178)도 ᄎ도 출샤 이 밤은 언제 샐고

ᄒᆞᄅᆞ도 열두 ᄯᅢ ᄒᆞᆫ ᄃᆞᆯ도 셜흔 날

져근덧 싱각마라 이 시름 닛쟈ᄒ니

ᄆᆞ음의 ᄆᆡ쳐이셔 骨髓의 쎄텨시니179)

扁鵲180)이 열히 오나 이병을 엇디ᄒ리

어와 내 병이야 이 님의 타시로다

출하리 싀어디여181) 범나븨 되오리라

곳나모 가지마다 간 ᄃᆡ 죡죡 안니다가182)

향 므든 ᄂᆞᆯ애로 님의 오시 올므리라

님이야 날인 줄 모ᄅᆞ셔도 내 님 조ᄎ려 ᄒ노라

(『송강가사(松江歌辭)』)

---

172) 소상남반 : 중국 호남성에 있는 소수(瀟水)와 상수(湘水)의 남쪽 언덕. 여기서는
전남 담양군 창평을 가리킴.
173) 여미어 입고.
174) 일모수죽 : 해 저문 날 긴 대나무.
175) 여러 가지 생각. 헤아림.
176) 짧은.
177) 전공후 : 자개로 장식한 공후. '공후'는 현악기의 하나.
178) 앙금 : 원앙새를 수놓은 이불.
179) 사무쳤으니. 꿰뚫었으니
180) 편작 : 중국 전국시대의 명의(名醫). 성은 진(秦)이고 이름은 월인(越人).
181) 죽어서. 없어져서.
182) 가는 곳마다 앉았다가.

(6) 퇴계가(退溪歌)[183]

이황(李滉)

어제 올탄 말이 오날이야 왼 줄[184] 알고
葛巾 布衣로 故園[185]을 차자가니
山川은 녯빗치요[186] 松竹이 새로왜라
數間 茅# 下의 집자리 一立[187] 깔고
淸風의 興을 겨워 閑暇이 누어시니
滿地 紅蓮花난 庭邊에 어리엿다
아참 새노라니 밤 줍난 아희들과
柴門[188]의 개 즈즈니 고기 웨는 장사로다
隣人 親戚들과 白酒[189] 黃鷄로
냇노리[190] 가자셰라 夕釣을 말야 하고[191]
되롱이[192] 몸의 걸고 簑笠을 젓게 쓰고[193]
그물을 두러메고 시내로 차자가셔
黃#[194]을 터 타고[195] 夕陽을 띄여 가니[196]

---

183) <퇴계가>는 사본에 따라 <환산별곡(還山別曲)>, <낙빈가(樂貧歌)>, <귀전가(歸田歌)>라고도 함. 『청구영언』(대학본)에 "환산별곡 퇴계저 이십사구(還山別曲 退溪著 二十四句)"라는 기록이 있음. 정계(政界)를 떠나 고향에 돌아와 자연 속에 유유자적하는 생활을 노래한 가사.
184) 그른 줄. 잘못된 줄.
185) 옛 동산. 고향 동산.
186) 옛 빛이요. 옛 모습 그대로이고.
187) 한 자리.
188) 사립문.
189) 막걸리.
190) 시냇가에서 노는 놀이. 그물로 물고기를 잡는 놀이(川獵).
191) 말랴 하고. 그만 둘 것이냐 하고.
192) 도롱이. 비올 때 입는 옷.
193) 뒤로 약간 젖혀지게 쓰고.

崎嶇197) 山路의 風景이 多精하다

一帶 淸江은 長天과 一色인듸

細白糸 져 그물을 여흘198) 여흘 더져 두니

銀鱗玉尺199)이 고고이200) 맷첫거늘

자나 굴그나201) 다 주어 따내여

자 고기 솟고치고202) 굴근 고기 膾를 쳐서

瓦樽에 거른 술을 朴盞의 가득 부어

잡거니 勸하거니 醉토록 먹은 後에

日落咸池하고 月生東谷커늘

업떠들며 곱떠들며203) 柴門을 차자 오니

稚子204)는 扶醉하고205) 瘦妻206)는 歡迎이라

아마도 江山主人은 나 뿐인가 하노라

(『청구영언』(대학본))

---

194) 누런 송아지.
195) 치올라 타고.
196) 띠[帶]고 가니.
197) 평탄하지 않고 험한.
198) 여울.
199) 물고기를 아름답게 비유한 말.
200) 그물코마다.
201) 물고기의 크기가 작으나 굵으나.
202) 부글부글 끓여서.
203) 엎드러지며 곱드러지며.
204) 어린 아이(자식).
205) 취한 몸을 부축하고.
206) 늙고 마른 아내.

(7) 낙빈가(樂貧歌)207)

이이(李珥)

이 몸이 쓸듸 업셔 聖上이 바리시니
富貴를 下直하고 貧賤을 樂을 삼아
數間 茅屋을 山水間의 지어 두고
三旬 九食208)을 먹그나 못 먹그나
十年 一冠209)을 쓰거나 못 쓰거나
분별210)이 업셔시니 是非를 뉘 알손야
滔滔211) 風味를 따로리 뉘 잇스며
落落 長松을 죠츨리 뉘 잇스리
歷代를 點檢하야 넷사람 혜여보며212)
만사를 다 이즈니 一身이 閑暇하다
靑松亭 下의 혼자 파람 하니213)
壺裡乾坤214)의 夕陽이 거의로다

---

207) 이이가 관계(官界)에서 은퇴하여 안빈낙도하며 강호한정을 읊은 가사. 『청구영언』
   (대학본)에서는 <낙빈가>의 작자를 퇴계 혹은 율곡(樂貧歌退溪或云栗谷 四十六
   句)이라 하였다. 그러나 필사본 『잡가』에는 "이는 율곡선생이 지은 것이다. 안빈낙
   도의 뜻과 산인의 풍류 생활을 노래로써 읊었는데 그윽하며 우아하기 그지없다(此
   栗谷先生之所製也 安貧樂道之意 山人風流之勝 寓於詞氣之間 而幽雅極矣)."고 함.
208) 삼순구식 : 삼십일 동안 아홉 번 식사를 함. 곧 가난하여 제대로 먹지 못하는 것을
   말함.
209) 십년일관 : 십년에 한 번 옷을 갈아 입음. 곧 가난하여 옷을 제대로 차려 입지
   못하는 것을 말함.
210) 생각.
211) 도도 : 많은 물이 넓게 흐르는 모양.
212) 헤아려보니.
213) 휘파람을 부니.
214) 호리건곤 : 별천지. 후한(後漢)의 비장방(費長房)이 시장에서 약을 파는 노인이 약을
   다 팔고 나서 처마끝에 걸어두었던 병 속으로 들어가는 것을 보고, 그 노인에게

逸興215)을 못 이긔여 달발216)을 놉피 것고

遠近 山川을 一望의 다 드리니

地勢도 조커니와 風景도 그지업다

霞鶩217)은 齊飛하고 水天이 一色인져

南北村 두세 집이 暮烟의 잠겨셔라

三山218)은 어듸메요 武陵이 여긔로다

無心한 져 구름은 翠岫219)를 잠가 잇고

有意한 갈마기는 白沙의 버러 잇다

아참의 캐온 취를 點心의 다 먹근 후의

일 업시 논일면서 夕釣를 말냐 하고

낙대를 두러메고 釣臺로 나려 가니

흐르느니 물결이요 뛰노느니 고기로다

銀鱗玉尺을 버들 움에 께여220) 들고

落照 淸江의 興을 겨워 도라드며

山歌 村笛를 漁父詞로 和答하니

西湖 梅鶴221)은 바라도 못하여도

曾點222)의 詠而歸223)야 이에셔 더 할손냐

청하여 같이 병 속에 들어가 보았더니 그 속에 별천지가 있었다는 이야기에서
나온 말.
215) 일흥 : 세속을 떠나 사는 즐거움.
216) 달풀로 만든 발. 달풀은 잎이 갈대와 같고, 꽃은 띠[茅]와 같은 풀임.
217) 하목 : 안개와 오리.
218) 삼산 : 삼신산(三神山). 곧 봉래산, 방장산, 영주산.
219) 취수 : 푸른 산골짜기.
220) 꿰어.
221) 서호매학 : 중국 송(宋) 나라의 임포(林逋)가 서호에 은거하며 매화를 심고 학을
기르며 지낸 것을 말함.
222) 증점 : 증삼의 아버지.
223) 영이귀 : 공자가 제자들에게 평소 하고 싶은 일이 무엇이냐고 문자 증점이 자신은
늦은 봄날 봄옷을 입고 어린 아이 예닐곱과 기수에서 목욕하고 시를 읊으며 돌아오
겠다고 한 말. 증점의 탈속한 경지를 말함.

箕山 潁水224)의 巢許225)의 몸이 되여

千駟226)을 冷笑하고 萬鍾227)이 草芥로다

내 生涯 淡泊하니 어늬 버지 차자오니

瓦樽의 濁醪228)를 瓢杯의 가득 부어

春風의 半醉하고 北窓 下의 누어시니

無懷氏229) 적 百姓인가 葛天氏230) 적 시절인가

人間 風雨 中의 擾亂한 져 긔별을

누우면 잠이요 아는 듯 모르는 듯

깬 後의 일이 업서 黃庭經231) 손의 쥐고

紫芝曲232) 노래하니 四皓233)는 다섯234)시요

三隱235)은 너이로다 周時도 呂尙236)의

渭水237)에 고기 낙고 漢代 諸葛亮238)은

---

224) 기산 영수 : 중국 하남성 등봉현 동남쪽에 있는 산과 강 이름.
225) 요임금 때 세상의 명리(名利)를 피하여 숨어산 은사(隱士) 소부(巢夫)와 허유(許由)
를 말함. 은거할 때 요임금이 찾아와 허유에게 세상을 준다고 하자 더러운 소리를
들었다며 영수에 가서 귀를 씻었다고 하며, 이를 본 소부는 영수를 더러운 물이라고
하여 멀리 상류에 가서 소에게 물을 먹였다고 함.
226) 천사 : 많은 수레. 사(駟)는 네 마리의 말이 끄는 수레니, 곧 부귀공명을 뜻함.
227) 만종 : 후한 녹봉. 곧 높은 지위를 말함.
228) 탁료 : 막걸리.
229) 무회씨 : 중국 태고의 군왕.
230) 갈천씨 : 중국 상고의 군왕. 무위(無爲)로 세상을 잘 다스렸다고 함.
231) 황정경 : 도교의 경서. 황정은 신선이 산다는 곳.
232) 자지곡 : 상산(商山) 사호(四皓)가 난리를 피하여 남전산(南田山)에 들어가서 지은
노래.
233) 사호 : 사호는 한(漢)나라 고조(高祖) 때 벼슬을 피하여 상산(商山)에 숨어 산 네
명의 노인. 동원공(東園公), 기리계(綺里季), 하황공(夏黃公), 각리선생(角里先生)을
말하며, 모두 다 수염이 희므로 사호(四皓)라고 함.
234) 사호에 자기를 넣어 다섯이라고 함.
235) 삼은 : 고려 말 끝까지 충절을 지켜 은거한 세명의 은사(隱士). 야은(冶隱) 길재,
목은(牧隱) 이색, 포은(圃隱) 정몽주를 말함.
236) 여상 : 주나라 때 동해(東海)의 현신(賢臣)인 강여상. 태공망(太公望)이라고도 함.
237) 위수 : 중국 감숙성에서 협서성을 지나 황하로 흐르는 강.
238) 삼국시대 촉한의 재상. 남양에서 밭 갈다가 유비(劉備)의 삼고초려로 출사하여 많은

南陽의 밧츨 갈고 이 아니 그 고지며239)

내 아니 긔로런가 사람은 그 古今이나

뜻지야 다를손야 잇스면 粥이요

입으면 굴물망정 朱門240)의 벗님내야

이내 柴扉 웃지 마소 狐貉241)을 모르거든

弊袍242)를 붓그리랴 靑雲은 제 즐겨도

白雲은 내 됴하라 竹杖 芒鞋로

分數대로 집고 신고 千山 萬水의

이리 져리 오락가락 갑업슨 江山風月과

함께 늙자 하노라

(『청구영언』(대학본))

(8) 규원가(閨怨歌)243)

허난설헌(許蘭雪軒)244)

공을 세웠음.

239) 그 곳이며.

240) 지위가 높은 사람. 혹은 부호의 집.

241) 호학 : 여우와 담비. 여우와 담비 가죽으로 만든 훌륭한 옷. 여기서는 벼슬아치가
입는 좋은 옷을 가리킴.

242) 폐포 : 남루하고 누추한 옷.

243) 독수공방하는 부녀자의 고독한 정한을 읊은 규방가사. 일명 <원부사(怨婦辭)>라
고도 함.『순오지(旬五志)』에서는 허균의 첩 무옥(巫玉)이 지은 것(怨婦辭 許筠之妻
巫玉行製 說盡空閨情境 曲有脂粉艶態 雖古今詞人齎體 何以過此也)이라 하였으나,
『고금가곡(古今歌曲)』이나『교주가곡집(校註歌曲集)』에서는 허난설헌이 지은 것
이라고 함.

244) 허난설헌(1563-1589) : 본명은 초희(楚姬). 호는 난설헌(蘭雪軒). 허균(許筠)의 누님이
며, 이달(李達)에게서 시를 배웠고, 김성립(金誠立)과 결혼했으나 금실이 좋지 않았
다. 한시에 뛰어났으나 26세에 요절함.

엇그제 졈엇더니 하마 어이 다 늙거니
少年行樂245) 생각하니 닐너도 쇽졀업다
늙거야 설운 말삼 하쟈 하니 목이 멘다
父生母育 辛苦하야 이 내 몸 길러낼 제
公候配匹246)은 못 바라도 君子好逑247) 願하더니
三生248)의 怨業이오 月下의 緣分249)으로
長安 遊俠 輕薄子랄 쑴 간갓 맛나이셔
當時예 用心하기 살어름 디듸난 닷
三五二八250) 겨오 디나 天然 麗質 졀로 이니
이 얼골 이 態度로 百年期約 하얏더니
年光이 倐忽251)하고 造物이 多猜하야
봄바람 가알달 뵈오리252)예 북 디나듯
雪膚花顔 어대 가고 面目可憎 되거고나
내 얼골 내 보거니 어느 님이 날 괼소냐253)
스사로 慚愧하니 누구를 怨望하랴
三三五五 冶遊園254)의 새 사람이 나닷말가
곳 피고 날 졈은 제 定處 업시 나가 이셔
白馬金鞭으로 어대 어대 머므난고
遠近을 모라거니 消息이야 더욱 알냐

---

245) 소년행락 : 젊었을 때에 누리던 즐거움.
246) 공후배필 : 고귀한 사람과 짝을 맺음. 또는 공경대부(公卿大夫)와 제후(諸侯)의 아내.
247) 군자호구 : 군자의 아내. 군자가 좋아하는 배필.
248) 삼생 : 삼세전생(三世轉生)의 뜻. 삼세는 전세(前世), 현세(現世), 내세(來世).
249) 월하의 연분 : 월하빙인(月下氷人)이 맺어 준 인연. 곧 부부의 연분을 가리킴. '월하
   빙인'은 월하로(月下老)와 빙상인(氷上人)으로 중매인을 뜻함.
250) 삼오이팔 : 삼오(三五)는 열 다섯 살. 이팔(二八)은 열여섯 살.
251) 숙홀 : 세월이 빨리 지나감.
252) 베의 실오리.
253) 사랑하겠느냐.
254) 야유원 : 홍등청루(紅燈靑樓)의 술집.

因緣을 긋쳐신들 생각이야 업슬소냐

얼골을 못 보거든 그립기나 마르려믄

열두 때 김도 길샤 설흔 날 支離하다

玉窓의 심근 梅花 몃 번이나 픠여 딘고

겨울 밤 차고찬 제 자최눈 섯거 티고

녀름날 길고 길 제 구잔비는 므슴 일고

三春花柳 好分節의 景物이 시름업다

가을달 房의 들고 蟋蟀[255]이 床의 울 제

긴 한숨 디난 눈물 쇽졀업시 헴[256]만 만타

아마도 모딘 목숨 죽기도 어려올샤

도라혀 풀터 혜니 이리 하야 어이 하리

靑燈을 돌나 노코 綠綺琴[257] 빗기 안아

接蓮花 한 곡조를 시름 조차 섯거 타니

瀟湘 夜雨[258]의 대소래 섯도난닷

華表千年의 別鶴이 우니난닷[259]

玉手의 타는 手段 녜 소래 잇다마난

芙蓉帳 寂寞하니 뉘 귀예 들릴소니

肝腸이 九回하야 구배구배 근쳐셔라

찰하리 잠을 드러 꿈의나 보려 하니

---

255) 실솔 : 귀뚜라미.

256) 생각, 또는 헤아림.

257) 녹기금 : 한(漢) 나라의 사마상여(司馬相如)가 쓰던 거문고. 사마상여는 녹기금으로
<봉구황곡(鳳求凰曲)>을 타서 과부가 된 탁왕손(卓王孫)의 딸 탁문군(卓文君)을
꾀어내었음.

258) 소상야우 : 소상(瀟湘)은 중국 호남성 동정호 남쪽을 흐르는 소수(瀟水)와 상수(湘
水). 순임금의 두 왕비인 아황(娥皇)과 여영(女英)의 넋이 비가 되었다고 함.

259) 화표천년의 별학이 우니는 듯 : 화표주 위에서 천년만에 돌아온 학이 우는 듯.
곧 옛날 요동에 정영위(丁令威)라는 사람이 영허산(靈墟山)에 들어가 선도(仙道)를
배워 학(鶴)이 되어 천 년 만에 돌아와 화표주(華表柱)에 앉았다고 하는 고사에서
유래한 말.

바람의 디난 닙과 풀 속에 우난 즘생
므슴 일 怨讎로셔 잠조차 깨오난다
天上의 牽牛織女 銀河水 막혀셔도
七月七夕 一年一度 失期치 아니커든
우리 님 가신 後난 무슴 弱水[260] 가렷관듸
오거니 가거니 消息조차 끄쳣난고
欄干의 비겨 셔서 님 가신 대 바라보니
草露난 매쳐 잇고 暮雲이 디나갈 제
竹林 푸른 곳의 새소래 더욱 섧다
世上의 설운 사람 數 업다 하려니와
薄命혼 紅顔이야 날 갓하니 또 이실가
아마도 이 님의 지위로[261] 살동말동 하여라

(『교주가곡집(校註歌曲集)』)

2. 조선 후기의 가사

(1) 누항사(陋巷詞)[262]

박인로(朴仁老)[263]

---

260) 약수 : 중국 전설 속의 강. 수질(水質)이 매우 약하여 기러기의 깃털조차 가라앉는다
고 함.
261) 탓으로.
262) 박인로가 51세 되는 광해 3년(1611년) 봄 한음(漢陰) 이덕형(李德馨)이 은거하던
경기도 용진강 사제로 찾아갔을 때 한음이 두메살림의 어려운 형편을 물으매 지은
가사.
263) 박인로(1561-1642) : 호는 노계(蘆溪).

어리고 迂闊264) 홀산 이 닉 우히 더니 업다265)

吉凶禍福을 하날긔 부쳐 두고266)

陋巷267) 깁푼 곳의 草幕을 지어 두고

風朝雨夕에 석은 딥히 셥히 되야268)

셔홉 밥 닷홉 粥에 煙氣도 하도 할샤

[언매만히269) 바든 밥의 懸鶉稚子270)들은

쟝긔 버려 졸 미덧 나아오니271)

人情天理예 춤아 혼자 먹을넌가]272)

설데인 熟冷273)애 뷘 빅 쇡일 뿐이로다

生涯 이러ᄒ다 丈夫 쯧을 옴길넌가

安貧一念274)을 적을망졍 품고 이셔

隨宜로275) 살려 ᄒ니 날로 조차276) 齟齬277)ᄒ다

ᄀ올히 不足거든 봄이라 有餘ᄒ며

주머니 뷔엿거든 甁의라 담겨시랴

[다만 ᄒ나 뷘 독 우히 어론털 도ᄃ 늘근 쥐ᄂ

貪多務得278)ᄒ야 恣意揚揚279)ᄒ니 白日아래 强盜로다

---

264) 우활 : 세상 물정에 어두움.

265) 더한 이가 없다.

266) 맡겨 두고.

267) 누항 : 더럽고 누추한 곳. 여기서는 자신이 사는 곳을 낮추어 일컬은 말.

268) 썩은 짚이 섶[薪]이 되어. 또는 썩은 짚이 땔감이 되어.

269) 얼마만에.

270) 현순치자 : 누더기옷을 걸친 어린 자식.

271) 쟁기 버레줄 밀듯 나오니.

272) [ ]안의 부분은 고사본(古寫本) 『노계집』에만 들어 있는 내용임.

273) 숙냉 : 숭늉.

274) 안빈일념 : 가난하여도 마음이 평안하여 근심하지 않는 한결같은 마음.

275) 수의로 : 되는 대로. 마음 내키는 대로.

276) 나날이 더. 하루하루가 점점 더.

277) 저어 : '이[齒]가 고르지 못하다'는 뜻으로, 세상 일이 마음대로 되지 않고 어긋나는 것.

278) 탐다무득 : 많은 것을 탐내고 얻으려고 힘쓰는 것.

아야러280) 어든 거슬 다 狡穴281)에 앗겨 주고

碩鼠三章282)을 時時로 吟詠ᄒ며

歎息無言ᄒ야 搔白首283) 쓴이로다

이 中에 탐살284)은 다 내 집의 뫼홧ᄂ다]

貧困흔 人生이 天地間의 나쓴이라

飢寒이 切身ᄒ다 一丹心을 이질는가

奮義忘身285)ᄒ야 죽어야 말녀 너겨

于橐于囊286)의 줌줌이 모와 녀코

兵戈五載287)예 敢死心을 가져 이셔

履尸涉血288)ᄒ야 몃 百戰을 지닉연고

一身이 餘暇잇사 一家를 도라보랴

一奴長鬚289)ᄂ 奴主分290)을 이젓거든

告余春及291)을 어닉 사이 싱각ᄒ리

耕當問奴292)ㄴ들 눌드려 물룰는고

躬耕稼穡293)이 닉 分인 줄 알리로다

---

279) 자의양양 : 방자한 생각이 밖으로 나타나는 모양.
280) 겨우.
281) 교혈 : 작은 개구멍. 탐관오리를 비유한 말.
282) 석서삼장 :『시경(詩經)』, 「위풍(魏風)」에 나오는 작품. 과중한 세금으로 괴로움을
    당하던 백성들이 폭정을 피하여 다른 나라로 이주하고픈 심정을 노래한 것. '석서'
    는 탐관오리를 가리킴.
283) 소백수 : 흰머리를 긁음. 하릴없음.
284) 탐살(貪煞)은 욕심이 많은 악귀.
285) 분의망신 : 의에 분발하여 제 몸을 돌보지 않음.
286) 우탁우낭 : 자루와 주머니.
287) 병과오재 : 5년간의 전란. 여기서는 임진왜란을 가리킴.
288) 이시섭혈 : 시체를 밟고, 피를 건넌다는 뜻으로 전쟁에 참여하여 싸운 것을 말함.
289) 일노장수 : 긴 수염을 늘인 늙은 종. 곧 노동을 할 수 없는 늙은 종으로, 여기서는
    자기 자신을 말함.
290) 노주분 : 노복과 주인의 분별.
291) 고여춘급 : 나에게 봄이 왔다고 일러 줌.
292) 경당문노 : 밭가는 일은 마땅히 종에게 물어야 함. 곧 무슨 일이든 전문가에게
    물어 보라는 비유.

莘野耕叟294)와 壟上耕翁295)을 賤타 ᄒ리 업것마ᄂᆞᆫ
아므려 갈고젼들 어ᄂᆡ 쇼로 갈로손고
旱旣太甚ᄒ야 時節이 다 느즌 제
西疇 놉흔 논애 잠깐 긴 녈비예
道上 無源水296)을 반만깐 ᄃᆡ혀 두고
쇼 ᄒᆞᆫ 젹 듀마 ᄒ고 엄섬이297) ᄒᄂᆞᆫ 말삼
親切호라 너긴 집의 달 업슨 黃昏의 허위허위 다라가셔
구디 다든 門 밧긔 어득히 혼자 셔셔
큰 기ᄎᆷ 아함이298)를 良久토록 ᄒ온 後에
어화 긔 뉘신고 廉恥업산 ᄂᆡ옵노라
初更도 거읜ᄃᆡ 긔 엇지 와 겨신고
年年에 이러ᄒ기 苟且299)ᄒᆫ 줄 알건만ᄂᆞᆫ
쇼 업슨 窮家애 혜염300) 만하 왓삽노라
공ᄒ니나 갑시나301) 주엄즉도 ᄒ다마ᄂᆞᆫ
다만 어제밤의 거넨집 져 사름이
목 불근 수기雉을 玉脂泣302)게 ᄭ어ᄂᆡ고
간이근303) 三亥酒304)을 醉토록 勸ᄒ거든

---

293) 궁경가색 : 몸소 밭을 갈고 씨를 뿌려 곡식을 거둠. 곧 몸소 농사를 지음.
294) 신야경수 : 신(莘)땅 들에서 밭가는 늙은이란 뜻. 은(殷)나라 신야에서 밭을 갈다
　　　탕왕(湯王)에게 발탁된 어진 재상 이윤(伊尹)이 등용 전 농사짓던 일을 말함.
295) 농상경옹 : 밭두둑 위에서 밭가는 늙은이, 곧 진(秦)나라의 진승(陣勝)을 말함. 또는
　　　삼국시대 동한(東漢)의 방덕공(龐德公), 촉(蜀)의 제갈량(諸葛亮)을 말함.
296) 도상 무원수 : 길바닥에 흐르는 근원이 없는 물. 곧 조금 온 빗물.
297) 탐탁지 않게. 엉성히.
298) ‘아함’하는 헛기침 소리. 인기척.
299) 구차 : 덕스럽지 못함. 염치없음.
300) 헤아림. 생각.
301) 공짜로나 값을 받고나.
302) 옥지읍 : 맑은 기름이 끓어 나오도록.
303) 갓 익은.
304) 삼해주 : 정월(正月) 셋째 해일(亥日)에 담근 맛 좋은 술.

이러흔 恩惠을 어이 아니 갑흘넌고
來日로 주마 ᄒ고 큰 言約 ᄒ야거든
失約이 未便ᄒ니 사셜이 어려왜라
實爲 그러ᄒ면 혈마305) 어이ᄒ고
헌 먼덕306) 수기 스고 측 업슨 집신에 설피설피307) 물너오니
風採 저근 形容애 기 즈칠 ᄲᆞᆫ이로다
蝸室308)에 드러간들 잠이 와사 누어시랴
北窓을 비겨 안자 싀빅309)를 기다리니
無情한 戴勝310)은 이늬 恨을 도우ᄂ다
終朝惆悵311)ᄒ며 먼 들흘 바라보니
즐기ᄂ 農歌도 興 업서 들리ᄂ다
世情 모른 한숨은 그칠 줄을 모ᄅᄂ다
[술 고기 이시면 권당312) 벗도 하렷마ᄂ 두 주먹 뷔게 쥐고
世態 업슨 말ᄉᆞ매 양ᄌᆞ ᄒ나 못 고오니
ᄒᄅ 아젹 블일 쇼도 못 비러 마랏거든
ᄒᄆᆞᆯ며 東郭墦間의 醉흘 ᄯᆞᆺ을 가딜소냐313)]
아까온 져 소뷔314)ᄂ 볏 보임315)도 됴흘셰고

---

305) 설마.
306) 멍덕. 짚으로 만들어 머리에 쓰는 것.
307) 느릿느릿. 맥없이.
308) 와실 : 달팽이집같이 좁은 방.
309) 새벽.
310) 대승 : 봄에 밭 갈기를 독촉한다고 하는 오디새.
311) 종조추창 : 아침이 다 지나도록 원망하며 슬퍼함.
312) 권당(眷黨). 일가친척.
313) 동곽번간 : '동쪽 외곽의 무덤 사이에 취(醉)할 뜻이 없다.'는 뜻. 곧 『맹자』, '이루하
편(離婁下篇)」, '齊人有一妻一妾章'에 나오는 비부(鄙夫)의 추태와도 같은, 부귀와
이달(利達)을 구하려는 뜻이 전혀 없음을 나타냄.
314) 소비. '쟁기'의 사투리.
315) '볏'은 보습 위에 대어 흙이 한쪽으로 떨어지게 하는 쇳조각. '보님(보임)'은 볏이
움직이지 않게 꼭 들어맞게 해 놓은 '빔'. '볏보임'은 쟁기의 날이 잘 선 모양.

가시 엉귄 묵은 밧도 容易케 갈련마는
虛堂半壁에 슬듸업시 걸려고야
[출하리 첫봄의 파라나 불일 거슬
이제야 풀녀 흔들 알 니 잇사 사러 오랴]
春耕도 거의거다 후리쳐316) 더뎌 두쟈
江湖 흔 꿈을 꾸언지도 오릭러니
口腹이 爲累ᄒ야 어지버 이져쎠다
瞻彼淇燠317) 혼듸 綠竹도 하도 할샤
有斐君子318)들아 낙듸 ᄒ나 빌려스라
蘆花 깁픈 곳애 明月淸風 벗이 되야
님지 업슨 風月江山애 절로절로 늘그리라
無心한 白鷗야 오라 ᄒ며 말라 ᄒ랴
다토리 업슬슨 다문 인가 너기로라
[이제야 쇼비리 盟誓코 다시 마쟈]
無狀흔319) 이 몸애 무슨 志趣320) 이스리마는
두세 이렁 밧논를 다 무겨 더뎌 두고
이시면 粥이오 업시면 굴물망졍
남의 집 남의 거슨 전혀 부러 말렷노라
닉 貧賤 슬히 너겨 손을 헤다 믈너가며
남의 富貴 불리 너겨 손을 치다 나아오랴
人間 어늬 일이 命 밧긔 삼겨시리
[가난타 이제 죽으며 가으며다 百年 살냐

---

316) 거두어. 팽개쳐.
317) 첨피기욱 : '저 기수(淇水)의 물가를 보건대'라는 뜻. 곧 『시경』, 「위풍」 <기욱삼장
    (淇澳三章)>에 나오는 위(衛)의 군주 무공(武公 : B.C. 826-756 재위)을 칭송한 시를
    연상하여 차의전용(借意轉用)함.
318) 유비군자 : 빛나고 문채있는 훌륭한 군자.
319) 보잘것 없는 것. 쓸데없는 것.
320) 지취 : 의지와 취미. 뜻과 취향.

原憲321)이는 몃 날 살고 石崇322)이는 몃 히 산고]
貧而無怨을 어렵다 ㅎ건마는
늬 生涯 이러ㅎ듸 설온 쓧은 업노왜라
簞食瓢飮323)을 이도 足히 너기로라
平生 흔 쓧이 溫飽324)애는 업노왜라
太平天下애 忠孝를 일을 삼아
和兄弟 信朋友 외다 ㅎ리 뉘 이시리
그 밧긔 남은 일이야 삼긴듸로 살렷노라

(『노계집』)

(2) 일민가(逸民歌)325)

윤이후(尹爾厚)326)

이 몸이 느지 나서 世上의 흘 일 업셔
江湖의 님자 되야 風月노 늘거가니
物外 淸福이 업다야 ㅎ랴마는
도릭혀 싱각ㅎ니 애드론 일 하고 만타

---

321) 원헌 : 공자의 제자인 자사(子思)의 본명. 집이 몹시 가난함.
322) 석숭 : 서진(西晉)의 시인이며, 대부호(大富豪)였던 사람.
323) 단사표음 : 일단사일표음(一簞食一瓢飮)의 준말. 한 바구니의 밥과 한 표주박의
　　　물을 마심. 곧 아주 가난한 생활을 말함.
324) 온포 : 따뜻하게 입고 배불리 먹는 것.
325) 윤이후(尹爾厚)가 벼슬에서 물러나 초야에 묻혀 한가로이 지내면서 '옥천전가지락
　　　(玉泉田家之樂)'과 '죽도강호지승(竹島江湖之繩)'을 노래한 은일가사. 윤이후의 친
　　　필일기인 『지암일기(支庵日記)』 숙종24년(1698) 6월 27일조에 '일민가 육십이구'라
　　　는 표제하에 국한문 혼용체로 전함.
326) 윤이후(1636-1699) : 자는 재경(載卿). 호는 지암(之庵).

萬物의 貴흔 거시 사름이 웃듬인듸

그 듕의 男子 ㅣ 되야 耳目聰明 マ초 삼겨

平生의 머근 쯔디 一身 富貴 아니러니

年光이 倏忽327)ㅎ고 志業이 蹉跎328)ㅎ야

白首329) 功名을 계유 구러 일워내니

蹤跡이 齟齬330)ㅎ고 世路도 畸嶇ㅎ야

數年 郞潛331)의 늄 쯔롸 든니더니

三春暉332) 수이 가니 寸草心333)이 그지 업서

銅章334)을 비러 츳고 五馬335)를 밧비 모라

南州 百里地에 與民休息ㅎ랴터니

니마 흰 모딘 범이 어드러셔 나닷 말고

굿드기 여룬 宦情 一朝의 지 되거다

저즌 옷 버서 노코 黃冠336)을 フ라 쓰고

채 ㅎ나 뻘텨 쥐고 浩然이 도라오니

山川이 依舊ㅎ고 松竹이 반기는 둧

柴扉를 츳자 드러 三經337)을 다스리니

---

327) 숙홀 : 개가 빨리 달려 잡을 수 없는 형용. 곧 빨리 지나감을 이름.

328) 차타 : 미끄러져 앞으로 나가지 못함. 곧 사람이 불우하여 뜻을 얻지 못함을 비유한 말.

329) 백수 : '백발(白髮)'과 같음. 곧 늙었음을 이름.

330) 저어 : 이가 맞지 아니함. 곧 사물이 서로 어긋남.

331) 낭잠 : 한나라의 안사(顔駟)가 문제(文帝), 경제(景帝), 무제(武帝) 등 삼세(三世)에 걸쳐 도위(都尉)를 역임했으나 불우했으므로, 마침내 낭서(郞署)에 은거했다는 고사.

332) 삼춘휘 : 음력 정월, 이월, 삼월의 석달.

333) 촌초심 : 부모의 은혜에 보답하려는 적은 마음.

334) 동장 : 구리쇠로 된 관인(官印). 한대(漢代)에는 600석 이상의 녹을 받는 관리만 지닐 수 있었음. 동인(銅印).

335) 오마 : 태수(太守)의 별칭. 원래 태수의 수레는 다섯 마리의 말이 끌었으므로 '오마(五馬)'라고 부름.

336) 황관 : 풀로 만든 관으로, 평민이나 도사(道士)가 씀. 여기서는 야인(野人)을 이름.

337) 삼경 : '삼경취황(三經就荒)'의 준말. 도연명이 벼슬로 인해 집을 떠나 있었기 때문에 뜰 안의 풀이 우거져 황폐하였다는 고사.

琴書一室이 이 아니 내 分인가
압 내히 고기 낫고 뒤 뫼히 藥을 키야
手業을 일노 샤마 餘年을 보내오니
人生 至樂이 밧긔 또 업돗데
田園의 나믄 興을 전나귀에 모도 시러
靑莎白石338) 夕陽路의 흥치며 도라오니
縹緲흔 一片 孤島 眼中의 奇特흔듸
微茫흔 十里 烟坡 조차 어이 둘럿는고
三山339)이 흘러온가 五湖340)과 엇더흐니
蒼松은 落落흐고 翠竹이 猗猗흔듸
超然흔 草堂 數間 믈 우희 빗겨시니
幽趣도 구이 업고 爽快도 짝이 업다
百日이 閑暇흔듸 봄 줌이 足한 後의
발 나믄 낙시대를 엇게예 두러메고
扁舟를 흘리 저어 任意로 容與흐니
江風은 習習흐야 鶴髮을 훗부치고341)
白鷗는 飛飛흐야 버디 되야 넘노는다
嚴子陵의 七里灘342)은 物色이 츳자 오고
賀季眞의 鏡湖水343)는 榮寵으로 어더시니

---

338) 청사백석 : 푸른 사초(향부자)와 흰 돌.
339) 삼산 : 삼신산(三神山). 곧 봉래산·방장산·영주산을 말함.
340) 오호 : 다섯 개의 호수. 또는 '태호(太湖)'의 딴 이름.
341) 훗어부치고. 되는 대로 부치고.
342) 엄자릉의 칠리탄 : '엄자릉'은 후한(後漢) 광무제(光武帝) 때 부춘산(富春山)에 은거
　　하며 밭갈이와 낚시로 세상을 마쳤던 엄광(嚴光)의 자(字). '칠리탄'은 엄자릉이
　　낚시질하던 여울물. '엄릉뢰(嚴陵瀨)'라고도 함.
343) 하계진의 경호수 : '계진'은 당나라 현종 때 사람인 하지장(賀知章)의 자(字). '경호'
　　는 거울처럼 맑은 호수. 하지장은 문장과 서예에 뛰어났고, 벼슬은 예부시랑에
　　이름. 만년에는 경호(鏡湖) 일경(一頃)을 하사받고 도사가 되어 그곳에서 죽을 때까
　　지 살았음. 비서감(秘書監)을 지냈으므로 세칭 '하감(賀監)'이라 불리기도 함.

羊裘를 못 버스니 避키 아니 어려오며
君恩을 니븐 후의 갑기를 어이ㅎ리
아마도 이 江山은 걸린 고디 바히 업서
몃 히를 無主ㅎ야 내 손의 도라오니
하늘이 주신쟉가344) 人力으로 어들소냐
人間의 쑴을 씨야 世事를 다 브리니
滄浪 蹤迹 알 리 업다 漁釣 生活 뉘 드토리
박잔의 술을 브어 알마초 머근 後의
水調歌345)를 기리 읇고 혼자 서셔 우즐기니346)
浩蕩흔 미친 興을 힝혀 아니 놈 알게고
ㅎ마 져믈거냐 먼 뫼히 달 오른다
그만ㅎ야 쉬여 보쟈 바회예 빈 미여라
平凉子347) 빗기 쓰고 烏竹杖348) 훗더디며
沙堤를 도라드러 石逕으로 올라가니
五柳宅349) 瀟灑흔딕 景物이 새로왜라
松陰의 훗거르며 遠近을 브라보니
水月이 玲瓏ㅎ야 乾坤이 제곰350)인 듯
熙熙皡皡ㅎ야 身世를 다 니즐다
이 中 의 미친 무음 北闕351)의 둘려시니

---

344) 주신 것인가?
345) 수조가 : 악부 상조곡(商調曲)의 이름. 수나라 양제가 강도(江都)로 행행(幸行)할
  때 스스로 만들었는데, 그 곡조가 원절(怨切)했다고 함.
346) 우죽거리니, 또는 공연히 무슨 일이나 있는 것처럼 몸짓을 하여 바쁘게 걸으니.
347) 평량자 : 패랭이. 대나무로 엮어 만든 갓. 미천한 사람이나 상(喪)을 당한 사람이
  썼음. 평량립(平凉笠), 폐량자(蔽陽子).
348) 오죽장 : 오죽(烏竹)으로 만든 지팡이.
349) 오류택 : 진(晉)나라 오류선생(五柳先生), 곧 도연명의 집. 도연명이 집 앞에 다섯
  그루의 버드나무를 심고 <오류선생전(五柳先生傳)>을 지어 스스로 '오류선생'이
  라 한데서 유래한 말.
350) 제각기, 또는 제가끔. '제여곰'.
351) 북궐 : 옛날 대궐 문을 궁전의 북쪽에 세워 상주(上奏)하거나 알현(謁見)할 때 이

謝安352)의 絲竹陶瀉353) 녜 일이 오늘일쇠
내 근심 無益혼 줄 모르디 아니ᄒᆞ딕
天性을 못 變ᄒ니 眞實노 可笑ㅣ로다
두어라 江湖의 逸民이 되야 祝聖壽ㅣ나 ᄒᆞ리라

여음(餘音)354)

世上이 ᄇᆞ리거늘 나도 世上을 ᄇᆞ린 後의
江湖의 님자 되야 일 업시 누어시니
어즈버 富貴功名이 쑴이론 듯ᄒᆞ여라
(『지암일기』)

(3) 합강졍가 (合江亭歌)355)

작자 미상

求景가셰 求景가셰 合江亭356)에 求景가세
時維九月 念三日357)에 吉日인가 佳節인가

<hr>

문을 통해 드나들었음. 임금이 계신 곳을 뜻함.
352) 사안 : 진나라 때의 은사(隱士). 중국 절강성 상우현 서남쪽에 있는 동산(東山)에
　　　은거하여 기생을 데리고 놀았음.
353) 사죽도사 : '사(絲)'는 '금슬류(琴瑟類)', '죽(竹)'은 '생적류(笙笛類)'로, 곧 음악을
　　　말함. '도사(都瀉)'는 즐기며 근심을 없앤다는 뜻.
354) 여음 : 가사와 같이 긴 노래를 읊고 난 뒤 자신의 느낌이나 그 노래에 다 표현하지
　　　못한 감정을 표현하기 위해 시조와 같은 짧은 노래를 '여음'이라 하여 덧붙여 노래
　　　하였음. 윤선도의 <어부사시사> 뒤에도 있음.
355) 작자 및 창작 연대 미상. 임자년(壬子年. 1792) 9월 23일 전라감사 정민시(鄭民始)가
　　　인평대군 치묘제(致墓祭)를 지낸 국기일(國忌日)임에도 불구하고 수령 수천을 모아
　　　합강정에서 선유(船遊)한 일을 비판 풍자한 노래.
356) 합강정 : 전남 곡성군 옥과면 합강리에 있는 정자.

觀風察俗 우리 巡相358) 이 날에 船遊하니

千秋聖節 질거운들 蒼梧暮雲359) 悲感할사

北闕分憂360) 夢外事나 南州民瘼361) 닉 이 아닌가

飮酒流連 조흘시고 秋事方劇 顧念하랴

築石塞江362) 하올 적에 一月 工程 드단말가

鑿山通道363) 하올 적에 移民塚墓 하난구나

呼寃364)하난 져 鬼神아 風景의 탓이로다

범 갓흔 우리 巡相 生心도 怨望마라

廚傳365)帳幕 온갖 差備 밤낫으로 準備하네

銀鱗玉尺366) 낙가늬여 舟中에 膾烹하고

凝香閣 宿所하고 셰여을 빅를 탄다

泛泛中流 나려가니 江山도 조흘시고

巡相의 風情이요 百姓의 寃讐로다

人間에 남은 厄運 水國에 밋첫도다

五里 밧 期會亭幕의 狼藉할사 酒肉이야

列邑官吏 격기로다 浚民膏澤367) 아니신가

茶啖床의 壽瓣蓮368)은 鄕曲愚氓 初見이라

奇異하고 繁華할사 一床 百金 드단말가

---

357) 염삼일 : 23일. 염(念)은 20. 인평대군 치묘제를 행한 임자년(1792년) 9월 23일.
358) 순상 : 감사. 관찰사.
359) 창오모운 : 창오산은 순임금이 붕어한 곳. 여기서는 인평대군의 치묘제를 가리키는
     말.
360) 북궐분우 : 조정의 분란과 근심스런 일.
361) 남주민막 : 남쪽 백성들의 재난.
362) 축석색강 : 돌을 쌓아 강을 막음.
363) 착산통도 : 산을 뚫어 길을 냄.
364) 호원 : 원통함을 호소함.
365) 주전 : 포주(庖廚)와 역참(驛站). 음식과 역(驛).
366) 은린옥척 : 모양이 좋고 큰 물고기.
367) 준민고택 : 재물을 착취하고 백성의 힘을 다하게 함.
368) 수판련 : 수파련(水波蓮 : 잔치 때 장식으로 쓰는 종이로 만든 연꽃)의 오기.

民怨은 徹天이오 風樂은 動地하네
終日도 不足하야 秉燭擧火369) 하단말가
山邑民役 松柄炬370)의 水陸照耀 하는구나
赤壁江 連環船에 周郞의 지은 불가371)
方席불 내여걸제 十里江上 꼿밧칠다
三更月 거워갈제 凝香閣 도라드니
長程擧火 三十里에 動民植炬 하단말가
旗牌節鉞 前導하고 衙前將校 後陪할 제
아리짜운 潭陽女妓 무삼 奉令 하엿난고
鰲樹372)驛馬 빗겨타고 意氣揚揚 하난고나
약지못한 咸悅縣監 恐喝은 무삼 일고
承命上司 守令분네 누구누구 와 게신고
年近七十 綾城倅난 百里驅馳에 갓블시고
南原府使 淳昌郡守 支供差使 汩沒한다
潭陽府使 昌平縣監 妓生領去 勤幹하다
中貶마즌 羅州牧使 阿諂으로 와 게신가
名家後裔 南平縣監 追隨承風 무삼 일고
遯朝高風 싱각하면 貽羞山林 그지업다
任實縣監 谷城倅난 吮癰舐痔373) 辭讓할가
益山郡守 全州判官 脅肩諂笑374) 보기실타
哀殘할사 和順玉果 生心이나 落後할까
淸河二天 다 두엇네 明月去就 뭇도마소

---

369) 병촉거화 : 촛불 켜고 불을 밝힘.
370) 송병거 : 송거(松炬). 곧 관솔불.
371) 적벽대전에서 화공으로 위군(魏軍)을 물리친 고사. 주랑은 풍류가 있어 오나라 여인
    들이 흠모하던 주유(周瑜)를 가리킴. 여기서는 순찰사 선유의 방탕을 풍자함.
372) 오수 : 오수(獒樹)의 오기인 듯. 오수는 전라도 남원부에 딸린 역명(驛名).
373) 연옹지치 : 지나치게 아첨함.
374) 협견첨소 : 가슴과 어깨를 옹그리며 아첨하는 웃음.

往來冠盖 相望하니 道路奔走 幾千인고

水旱에 傷한 百姓 方伯秋巡375) 바라기난

補秋不足376) 할가더니 除道摘奸 弊端이다

水田災377)도 뭇엇거든 면젼378)이냐 擧論할사

썰가온 百畝田에 白地徵稅379) 하는구나

仁慈할사 우리 主上 一束覆砂380) 爲念커든

불상한 齊民田381)에 조분 길 널이란다

各邑色吏382) 督促하니 鞭朴383)죠차 狼籍하다

許多한 官人축이 大小戶를 分定하야

四方附近 十里안에 鷄犬이 減種하네

富者난 可커니와 可憐할사 貧者로다

夕陽은 나려가고 里丁384)은 促飯385)할 제

寒廚에 우난 小婦 발 구르며 하는 말삼

방아품에 어든 糧食 한두 되 잇것마는

菜蔬도 잇것만은 器皿386)은 뉘게 빌고

압뒤 집 도라보니 臘月借甑387) 緣故로다

---

375) 방백추순 : 수령이 가을에 수확을 살피러 순행함.
376) 보추부족 : 가을 수확이 적으면 세를 감해줌으로써 보태어 줌.
377) 수전재 : 논(무논)의 재앙.
378) 목화밭[綿田].
379) 백지징세 : 실제로는 없는 토지의 전적(田籍)을 만들어 강제로 세를 징수하는 것.
380) 일속복사 : 일속복사(一粟覆砂)의 오기인 듯. '일속'은 한 알의 좁쌀. '복사'는 모래가
      물에 밀려서 논밭 위를 덮는 것. 곧 아주 적은 분량의 곡식이라도 피해를 입을까
      염려하는 것.
381) 제민전 : 일반 백성(서민)의 밭.
382) 각읍색리 : 감영이나 관아에서 돈과 곡식의 출납을 맡아보던 아전.
383) 편박 : 편복(鞭扑)의 오기인 듯. 채찍과 회초리. '편'은 관리를 벌주는 채찍. '복'은
      학생을 벌주는 채찍.
384) 이정 : 마을 안의 장정.
385) 촉반 : 음식을 재촉함.
386) 기명 : 살림에 쓰는 그릇.
387) 납월차증 : "동짓달에 시루 빌러 다닌다"는 뜻. 곧 살림이 궁핍하고 일이 촉박함을

一村鷄犬 蕩盡하고 戶收斂 하단말가
大戶에난 兩이 넘고 小戶에도 六七錢이라
이 노름 다시 하면 이 百姓 못 살겠네
樂土에 싱긴 사람 太平聖代 죠타하여
安業樂土 하옵더니 할 일 업이 流離하네
한 사람의 豪奢로셔 몃 사람의 亂離되고
家庄田地 다 팔고서 어듸로 가잔말고
비나이다 비나이다 上帝님께 비나이다
우리 聖上 仁愛心이 明觀燭불 되게하사
빗쵀소셔 빗쵀소셔 (이 원전에 빗쵀소셔)
前路風聲 들니기난 治罪吏鄕 한다기에
奸猾388)인가 여겨더니 飮食道路 탓이로다
奴隷點考 무삼일고 巡令手389)의 上德일셰
飮食은 若流하고 賄路390)난 公行하니
죠흘시고 죠흘시고 常平通寶 죠흘시고
만이 쥬면 無事하고 젹게 쥬면 生事하네
春塘臺391)에 치난 帳幕 五木臺에 무삼일고
僭濫392)한 荊圍中에 較藝393)하난 靑襟394)들아
五十三洲 詩禮鄕395)에 一人義士 업단말가

말함.
388) 간활 : 간악하고 교활함.
389) 순령수 : 대장의 전령(傳令)과 호위를 맡고, 순시기(巡視旗)・영기(令旗)를 드는 군사.
390) 회로: 회뢰(賄賂)의 오기인 듯. 사사로운 이익을 얻기 위해 남에게 부정(不正)한
　　금품을 보내는 일.
391) 춘당대 : 창경궁 후원에 있음.
392) 참람 : 분수에 넘치게 함부로 함.
393) 교예 : 재주의 낫고 못함을 비교함.
394) 청금 : 청금(靑衿)의 오기인 듯. 『시경』의 "청청자금(靑靑子衿)"에서 온 말. 본래
　　유생(儒生)을 가리키는 말이나 여기서는 무인을 일컬음.
395) 시례향 : 전라도의 별칭.

食福 죠흔 우리 巡相 官祿 조흔 우리 巡相
두로시면 六曹判書 나가시면 八道監司
功名도 거룩하고 富貴도 그지업다
罔極할사 國恩이야 感慨할사 聖德이야
一段臣節 잇거드면 竭力報效 하오리라
背恩忘德 하게되면 殃及子孫396) 하오리라

(4) 용부가(庸婦歌)397)

작자 미상

흉보기도 싫다마는 저 婦人의 擧動보소
시집간 지 석 달만에 시집살이 심하다고
친정에 편지하여 시집 흉을 잡아내네
게엄 할사398) 시아버니 암상 할사399) 시어마니
고자질에 시누의와 엄숙하기 맏동서며
妖惡한 아우동서 여우같은 시앗400)년에
드세도다 男女奴僕 들며나며 흠구덕401)에
男便이나 믿었더니 十伐之木402) 되었에라

---

396) 앙급자손 : 재앙이 자손에게 미침.
397) 작자 및 창작 연대 미상의 가사. 인륜이나 도덕을 전혀 모르는 용렬한 부인인 '저
　　부인'과 '뺑덕어미'의 추행(醜行)을 풍자한 노래. <우부가>와 함께 『경세설(警世說)』
　　에 실려 있음.
398) 마음이 나쁘고 욕심 많은.
399) 샘이 많으며 앙칼진.
400) 첩(妾).
401) 남의 허물을 떠벌리어 궂게 하는 말.
402) 십벌지목 : 열 번 찍힌 나무. 곧 "열 번 찍어 안 넘어가는 나무가 없다."는 말로

여기저기 사설이요 구석구석 모함이라
시집살이 못 하겠네 간숫병을 기우리며
치마 쓰고 내닫기와 보찜 싸고 도망질에 오락가락 못 견디어
僧들이나 따라갈가 긴 長竹이 벗이 되고
들구경 하여 볼가 問卜하기 消日이라403)
겉으로는 시름이요 속으로는 딴 생각에
半粉黛404)로 일을 삼고 털 뽑기가 세월이라
시부모가 驚戒하면 말 한마디 지지않고
남편이 걱정하면 뒤받아 맞넉수405)요
들고 나니 초롱군406)에 팔짜나 고쳐볼가
양반 자랑 모두 하며 色酒家나 하여볼가
남문 밖 뺑덕어미 天性이 저러한가
배워서 그러한가 본 데 없이 자라나서
여기저기 무릎맞침407) 싸흠질로 세월이며
남의 말 말전주408)와 들며는 飮食공논
祖上은 不知하고 佛供하기 爲業할 제
무당 소경 푸닥거리409) 衣服가지 다 내주고
남편 모양 볼작시면 삽살개 뒷다리요410)
자식 거동 볼작시면 털 벗은 솔개미라411)

남편이 시집 식구편이 되었음을 말함.
403) 문복하기 소일이라 : 점을 보는 일로 세월을 보냄.
404) 반분대 : 엷은 화장.
405) 지지 않고 대꾸하는 것.
406) 의식이 있을 때 등을 들고 다니는 사람. 또는 '초립군(草笠軍)'이나 '초립동(草笠童)'
     의 오기(誤記)로 보아 관례를 한 어린 사내아이로 보기도 함.
407) 두 사람 사이에 말이 서로 틀릴 때 삼자(三者) 앞에서 대질(對質)하여 논박하는
     것. 무릎맞춤.
408) 말을 여기저기 옮기어 이간질을 하는 것.
409) 굿의 한 가지. 부정이나 살(煞)을 푼다고 간단하게 음식을 차려 놓고 잡귀를 풀어
     먹이는 일.
410) 모습이 앙상하고 꼴이 사나워 볼품없음.

엿장사야 떡장사야 아이 핑게 다 부르고
물레 앞에 선하품과 씨아412) 앞에 기지개라
이집 저집 이간질과 淫談悖說 일삼는다
謀陷 잡고 똥 먹이기 세간은 줄어가고 걱정은 늘어간다
치마는 절러가고413) 허리통이 길어간다
총414) 업는 헌 집신에 어린 자식 들처업고
婚姻葬事 집집마다 음식추심415) 일을 삼고
아이 싸움 어른 쌈에 남의 죄에 매맞치기
까닭없이 성을 내고 이뿐 자식 두다리며
며느리를 쫓았으니 아들은 홀아비라
딸자식을 다려오니 남의 집은 결단이라
두 손벽을 두다리며 放聲代哭 괴이하다
무슨 꼴에 생트집에 머리 싸고 드러눕기
姦夫 달고 달아나기 官婢定屬416) 몇 번인가
無識한 蒼生들아 저 거동을 자세 보고
그른 일을 알았거든 고칠 改자 힘을 쓰소
오른 말을 들었거든 행하기를 위업하소
(『경세설』)

411) 털이 없는 솔개. 볼품없다는 뜻.
412) 목화씨를 빼는 틀.
413) 짧아 가고.
414) 짚신의 앞쪽 줄기.
415) 음식을 찾아다니는 것.
416) 관비정속 : 죄인을 관청의 노비로 편입하는 것.

(5) 우부가(愚夫歌)417)

작자 미상

내 말슴 狂言인가 저 화상을 구경하게
南村閑良418) 개똥이는 부모덕에 편히 놀고
好衣好食 무식하고 미련하고 용통419)하여
눈은 높고 손은 커서 가량없이 주저 넘어
時體따라 衣冠하고 남의 눈만 위하것다
長長春日 낮잠자기 朝夕으로 반찬투정
매팔자420)로 無常出入421) 每日長醉 게 트림과
이리 모여 노름놀기 저리 모여 鬪錢422)질에
妓生妾 治家하고 외입장이 친구로다
사랑에는 조방군423)이 안방에는 老嫗할미424)
名祖上을 떠세하고425) 勢道 구멍 기웃기웃
炎涼 보아 進奉426)하기 財業을 까불리고427)
虛慾으로 장사하기 남의 빗이 태산이라
내 無識은 생각 않고 어진 사람 미워하기

---

417) 작자 및 창작 연대 미상. 우부(愚夫) 3인의 행적을 통해 바르게 살아야 함을 경계한
　　노래.
418) 남촌한량 : 서울의 남촌에 사는, 아직 벼슬에 이르지 못한 호반(虎班)의 사람.
419) 용통(傭痛). 어리석고 다소 모자람.
420) 집안 살림은 돌보지 않고 혼자만 먹고 제마음대로 돌아다니는 사람을 가리키는
　　말.
421) 무상출입 : 때없이 드나드는 것.
422) 투전 : 두꺼운 종이에 숫자를 표시하는 그림을 그려 만든 노름 기구.
423) 오입판에서 남녀 교합을 중매하는 사람[幫軍].
424) 중매할미.
425) 다른 사람의 세력을 빙자하고.
426) 진봉 : 물건을 사서 바침(進封).
427) 재산을 함부로 흩어 없애 버리고.

厚할 데는 薄하여셔 한 푼 돈에 땀이 나고
박할 데는 후하여셔 數百兩이 헛것이라
勝己者를 厭之하니 反覆小人[428] 허기진다
내 몸에 利할대로 남의 말을 탄ㅎ지 않고
친구 벗은 좋아하며 제 일가는 不睦하며
병 날 노릇 모다 하고 人蔘鹿茸 몸 補ㅎ기와
酒色雜技 모다 하여 돈 주정을 무진하네
부모 조상 頓忘[429]하며 내 인사는 나종이요 남의 흉만 잡아낸다
내 행세는 개차반[430]에 경계판[431]을 짊어지고
없는 말도 지어 내고 是非에 先鋒이라
날데 없는 用錢如水 上下撑石[432]하여 가니
손님은 債客이요 倫義는 내 몰래라
입구멍이 제일이라 돈 날 노릇 하여 보세
田畓 팔아 변돈 주기 종을 팔아 月收 주기
구목[433] 버혀 장사하기 書冊 팔아 빗주기와
동네 상놈 賦役이요 먼 데 사람 行惡이며
잡아오라 꺼믈리라[434] 自將擊之[435] 몽둥이질
典當 잡고 세간 뺏기 계집 文書 종 삼기와
살結縛[436]에 소 뺏기와 불호령에 솥 뺏기와

---

428) 반복소인 : 언행을 이랬다저랬다 늘 고치는 간교한 사람.
429) 돈망 : 금방 잊음.
430) 소행이 나쁜 사람을 이르는 말. '차반'은 맛있는 음식이므로 '개차반'은 개가 좋아하
    는 똥.
431) 죄인이라는 표징. 또는 경계(警戒)하라는 말이 적힌 나무판(警戒版).
432) 상하탱석 : 아랫돌을 빼서 윗돌을 괴고 윗돌을 빼서 아랫돌을 괸다는 뜻으로, 임시
    변통으로 위급한 상황만 넘기는 것.
433) 무덤가에 있는 나무(墓木).
434) 억지로 우겨 물리게 하는 것.
435) 자장격지 : '스스로 장수가 되어 군사를 거느리고 나가 싸운다'는 뜻으로, 어떤
    일을 남에게 시키지 않고 손수 자기가 함을 말함.
436) 살결박 : 죄인의 옷을 벗기고 알몸을 묶음.

여기저기 간 곳마다 積失人心⁴³⁷⁾ 하것고나

여기저기 간 곳마다 積失人心437) 하것고나
사람마다 도적이요 원망하는 소리로다 이사나 하여볼가
家藏을 다 팔아도 상팔십438)이 내 팔자라
宗孫 핑게 位田439) 팔아 투전질이 생애로다
祭祀 핑게 祭器 팔아 官災口舌440) 일어난다
뉘라서 돌아 볼가 獨夫가 되단 말가
可憐ㅎ다 저 인생아 一朝에 乞客이라
玳瑁貫子441) 어대 가고 물랫줄442)은 무삼일고
통냥갓443)은 어대 가고 헌 破笠에 통모자라
주체444)로 못 먹든 밥 책력 보아 밥 먹는다
양볶이445)는 어대 가고 쓴바귀를 단꿀 빨듯
竹瀝膏446) 어대 가고 모주447) 한 잔 어려워라
울타리가 땔나무요 동네 소곰 반찬일세
각장장판 소라반자448) 장지문이 어대가고
벽 떠러진 단간방에 거적자리 열두 입에
戶籍 조희 門 바르고 神主褓449)가 갓끈이라

437) 적실인심 : 자꾸자꾸 인심을 잃음.
438) 상팔십 : '상수팔십(上壽八十)'이라는 말. 나이에는 하수(下壽), 중수(中壽), 상수(上
壽)가 있는데, 여기서는 아무렇게나 살아도 80은 맡아 놓은 팔자라는 말.
439) 위전 : 수확을 제사 비용으로 쓰기 위해 마련한 밭. 제위답(祭位畓).
440) 관재구설 : 관청으로부터 받는 재앙과 시비하는 말.
441) 대모관자 : 대모갑(玳瑁甲)으로 만든 관자(貫子). '대모'는 바다거북. '관자'는 망건
에 달아 당줄을 꿰는 조그만 고리.
442) 물레에 달린 줄.
443) 경상남도 통영(統營)에서 나온 좋은 갓.
444) 술을 많이 마셔 체함(酒滯).
445) 소의 위를 잘게 썰어서 볶은 고급 음식.
446) 죽력고 : 푸른 대쪽을 불에 구워서 받은 진액을 넣어 빚은 소주.
447) 막걸리 같은 술.
448) '각장장판(角壯章板)'은 방바닥에 바르는 장판지. '소라반자'는 반자틀에 소란(小
欄)을 받고 그 구멍을 벽장문같이 만들어 덮은 것. '소란반자'에서 온 말.
449) 신주보 : 죽은 사람의 위패를 싸는 보.

銀鞍駿馬450) 어대 가며 先後 구종451) 어대 간고

석새 집신452) 지팽이에 정강말453)이 제격이라

삼승 보선454) 太史鞋455)가 끌레발456)이 불상하고

비단 주머니 十六絲끈457) 화류458) 面鏡 어대 가고

보선목 주머니에 삼 노끈 꾀어 차고

돈피배자459) 담뷔휘양460) 綾羅周衣461) 어대 가고

동지 섣달 베창옷462)에 三伏 다름 바지거죽463)

궁둥이는 울근불근 옆걸음질 병신같이

담배 없는 빈 煙竹464)을 消日 쪼로 손에 들고

어슥비슥 다니면서 남에 門前 乞食하며

疫疾 핑계 祭祀 핑계 야속하다 너희 人心

원망할사 팔자타령 저 건너 꼼생원은

제 아비의 덕분으로 돈 천이나 가졌더니

술 한잔 밥 한술을 친구 대접 하였든가

주제넘게 아는 체로 陰陽術數465) 貪好하여

當代發福 求山하기 避亂 곳 찾어 가며

---

450) 은안준마 : 은으로 장식한 안장과 잘 달리는 좋은 말.
451) 하인(驅從).
452) 석새짚신. 석새베(굵은 베)에서 따온 말인 듯.
453) 정강이의 힘으로 걷는다는 뜻. 곧 말을 타지 않고 자기 발로 걷는 것을 말함.
454) 몽고에서 나는 무명으로 만든 버선.
455) 태사혜 : 남자의 마른신의 한 가지.
456) 끄레와 같이 헙수룩한 모양의 발. '끄레'는 걸기질을 하는 농사 기구.
457) 십육사 : 열여섯날로 만든 고운 끈.
458) 화류로 만든 작은 거울. '화류(樺榴)'는 붉은 빛을 띠며, 결이 곱고 몹시 단단하여
    건축·가구·미술품 따위에 쓰이는 고급 재료.
459) 노랑 담비의 모피로 만든 배자(褙子). '배자'는 저고리 위에 덧입는 옷.
460) 담비 털로 만든, 머리에 쓰는 방한구(防寒具).
461) 능라주의 : 능라비단으로 만든 두루마기.
462) 베로 만든 소창옷. 두루마기와 같은 겉옷의 한 가지.
463) 삼복의 무더운 더위에 어울리지 않는 바지.
464) 연죽 : 담뱃대.
465) 음양술수 : 음과 양, 길흉화복에 대한 점술.

올적 갈적 行路上에 처자식을 흘어 놓고
有無相助 아니하면 朝夕難計 할 수 없다
欺人取物466) 하자 하니 일갓 집에 富者 없고
뜬 재물 經營하고 京鄕없이 싸다니며
宰相家에 請질하다 逢變하고 물러서고
남의 골에 걸태갔다467) 閽禁468)에 쫓겨와서
婚姻中媒 혼자 들다 무렴469) 보고 뺨 맞으며
假代文書470) 口文 먹기 핀잔 먹고 자빠지기
不義行世 찌그렁이 僞造文書 非理好訟471)
부자나 후려 볼까 甘言利說 꾀여 보세
堰막이며 洑막이며472) 銀점이며 金점이며473)
大路邊에 色酒家며 노름판에 푼돈 떼기
南北村에 뚜장이로 人物招引 하여 볼까
산진매 수진매474)에 산양질로 놀러가세
大宗孫 兩班 자랑 산소나 팔아 볼가
婚姻 핑계 어린 딸은 百兩짜리 되었구나
아낙은 친정살이 자식들은 고공살이475)
일가의 눈이 희고 친구의 손가락질
不知去處 나가더니 소문이나 들어 볼가
산 넘어 꾕생원 그야말이 下愚로다
거들어서 한 말자랑 대장부의 결기476)로다

466) 기인취물 : 사람을 속여 재물을 취함.
467) 체면을 돌아보지 않고 재물을 얻으러 갔다가.
468) 혼금 : 관청에서 쓸데없이 사람이 문에 들어오는 것을 금하는 것.
469) 염치가 없는 것.
470) 가대문서 : 물건을 너그럽게 빌려준다는 핑계로 만든 문서(假貸文書).
471) 비리호송 : 이치에 맞지 않는 송사.
472) 언막이며 보막이며 : 물을 대기 위해 막아 쌓은 둑(堰)과 보를 막은 방죽(洑).
473) 음점이며 금점이며 : 은광이며 금광이며.
474) '산진(山陣)매'는 산에서 자유로이 자란 매. '수진(手陳)매'는 손으로 길들인 매.
475) 남의 집에서 머슴살이를 한다는 뜻.

동네 尊長 몰라보고 以少凌長477) 욕하기와

衣冠裂破 사람치고 맞았다고 떼쓰기와

남의 寡婦 겁탈하기 偸葬478) 간 곳 청병479)하기

친척 집의 소 끌기와 주먹 다짐 일수로다

부잣집에 긴한 체로 친한 사람 이간질과

월숫돈 일숫돈에 장별리 장체기480)며

제 부모에 몹쓸 行事 투전군은 좋아하며 손목 잡고 술 권하며

제 妻子는 몰라보고 노리개로 정표 주며

자식노릇 못하면서 제 자식은 귀히 알며

며누리는 들볶으며 奉養 잘못 호령한다

기둥 베고 벽 떨어라 천하 난봉 自稱하니

부끄럼을 모르고서 주리틀려 경친 것을 옷을 벗고 자랑하며

술집이 안방이요 투전방이 사랑이라

늙은 부모 병든 처자 손톱 발톱 제쳐 가며

잠 못 자고 길삼는 것 술내기로 장기두고

책망 없이 바린 몸이 무삼 생애 못하여서

누의 자식 조카 자식 색주가로 환매481)하여

부모가 걱정하면 와락 달아 부르대며

아낙이 사설하면 밥상 치고 계집 치기

도망산에 뫼를 썼나 저녁 굶고 또 나간다

捕廳482) 鬼神 되었는지 듣도 보도 못 할레라

(『경세설』)

---

476) 몹시 급한 성질.

477) 이소능장 : 젊은이가 늙은이를 능멸함.

478) 투장 : 암장(暗葬).

479) 청병(請餠) : 떡을 청함.

480) '장별리(長邊利)'는 장판에서 돈놀이를 하는데 붙는 변리.

481) 물건과 물건끼리 바꿈(換買). 곧 물물교환(物物交換).

482) 포청 : 포도청(捕盜廳)의 준말.

(6) 계녀가(戒女歌)483)

작자 미상

아해야 들어봐라 내 本來 疏漏484)하야
凡事에 等閑하고 子女之情 바이 없어
五男妹 너 하나를 十七年 生長토록
一言半辭 敎訓없이 恣行自在485) 길렀으니
見聞이 바이 없어 一無可觀 되었으니
年去長成 하였으매 모작이 求婚하니
蔚山山城 嚴氏宅에 吉緣이 거리런가
門閥도 좋거니와 家法이 壯할시고
층층분 人心人物 뉘 아니 칭찬하리
私心이 過狹하야 一言에 結約이라
戊午之月 念酉日486)에 桃夭時節487) 되었구나
존압청488) 賓主席에 賢婿를 맞아 보니
飄然한 저 거동이 鷄群에 瑞鳳489)일세
심중두제490) 君子態요 高名 顯達 富貴相이
擇壻고망491) 맞혔으니 義氣佳人492) 어찌할가

---

483) 작자 및 창작 연대 미상. 혼기를 앞둔 과년한 딸에게 주는 어머니의 교훈이 담긴
노래.
484) 소루 : 섬세한 배려를 하지 못하여 모든 일이 엉성함.
485) 자행자재 : 제 마음대로 함.
486) 염유일 : 26일. 염육일(念六日)의 잘못. ‘염(念)’은 20일.
487) 도요시절 : 복숭아 꽃 피어서 처녀가 시집가기 좋은 시절.
488) 전안청(奠雁廳)의 잘못. ‘전안청’은 혼례를 올리는 식장을 말함.
489) 계군에 서봉 : 닭의 무리 가운데 있는 봉황처럼 빼어남.
490) 침중개제(沈重愷弟)의 잘못. ‘침중개제’는 행동이 묵중하고 조심성이 많음을 뜻함.
491) 택서고망 : 사위를 고르기 위한 커다란 희망.
492) 의기가인 : 의기가인(宜其佳人)의 잘못. ‘의기가인’이란 그 아내 됨이 마땅하다는 뜻.

내 염에 생각하니 좋은 중에 걱정이라

너 비록 未學하나 資質이 芳姿하니 敎訓이나 하여 볼가

오날날 하난 말이 너희 듣기 꿈같으나

人生이 本善하니 깨쳐 나면 되나니라

故事에 실린 말삼 歷歷히 있건마는

張煌493)하야 다 못하고 대강으로 기록하니

자세히 들어두고 銘心하야 잊지 마라

太妊太似494) 착한 事蹟 萬古에 遺訓이요

그 남은 幽者君子495) 女子中에 몇몇인고

지금도 짐작하면 옛사람뿐이로다

人文이 생긴 후에 五倫이 쫓아 나니

閨中에 여자로서 다 알 수야 있나마는

七去之惡496) 옛법이라 三從之道497) 모를소냐

그중에 事親之道 百行中에 으뜸이라

孝子의 愛日之心498) 百年이 瞬息이니

瞬息間 事親事를 一時인들 잊을소냐

溫恭히 뜻을 두고 至誠으로 奉養하되

昏定晨省499) 석달 사관 대체로 하련마는

舍姪이 있으나마 냉철없이 있지 말고

자주자주 나아가서 氣運을 살핀 후에

---

493) 장황 : 지루함.
494) 태임태사 : 부덕을 갖춘 왕비의 모범으로 기리는 여자. 태임은 주(周)나라 문왕(文王)
   의 어머니이고, 태사는 그의 비(妃).
495) 유자군자 : 그윽한 덕을 가진 사람.
496) 칠거지악 : 아내를 내쫓을 수 있는 일곱 가지 행실. 곧 불순구고(不順舅姑)·무자(無
   子)·음행(淫行)·질투(嫉妬)·악질(惡疾)·구설(口舌)·절도(竊盜)를 말함.
497) 삼종지도 : 여자는 시집가기 전에는 부모에게 순종하고, 시집가면 남편에게 순종하
   고, 남편이 죽은 후에는 아들을 따라야 한다는 도리.
498) 애일지심 : 하루라도 아껴서 부모를 공경한다는 뜻으로, 효양(孝養)함을 말함.
499) 혼정신성 : 아침 저녁으로 부모의 안부를 살핌.

顔色을 和케 하며 소리를 낮초와서

問安을 드린 후에 飲食을 묻자오며

잠죽히500) 기달려서 묻난 말삼 대답하고

음식을 供饋하되 口味를 맞초와서

찾기를 期待 말고 때 맞초와 드리오며 없다고 稱託마라

誠孝가 지극하면 얼음 속에 잉어 나고501) 雪中에도 竹筍이라502)

衣服을 받어오되503) 寒暑를 살펴 봐서

철철이 때를 찾아 생각 전에 바치오며

품 맞고 길이 맞고 一念에 조심하고

氣運이 淸爽되야 煌煌504)한 이 모양이

晝夜에 전립이라 暫時도 잊지 말고

湯爐를 親執하며 急한 中 정신차려 藥物을 조심하라

孝誠이 極盡하면 복상이 쉽사오니

복상이 되신 후에 平時와 가깝거던

안색도 화케하며 목수검도 하나니라

시키신 일 있삽거든 물러가 진작하되

洞洞燭燭 操心하야 하다가 疑心커든

다시금 思慮하되

불안키 알지 말고 자망으로 하지 마라

내난 것이 자망이요 내난 것이 병통이라

먹던 술도 떨어지니 아난 길을 물어 가라

꾸중이 나리거던 황급히 들어보면

---

500) 가만히.

501) 중국 진(晋)나라의 왕상(王祥)이 계모에게 효성이 지극하여 얼음을 깨고 잉어를 구했다는 고사.

502) 중국 강하(江夏) 사람 맹종(孟宗)이 효성이 지극하여, 겨울에 그 어머니를 위해 죽순을 구하러 갔는데 눈 가운데서 죽순이 솟아났다는 고사.

503) '받드오되'의 잘못.

504) **황황** : 마음이 몹시 급하여 허둥지둥함.

무비505) 다 敎訓이라 교훈없이 사람되리
옳다고 발명 말고 그르거던 自罪하되
속속히 改過하여 두번 허물 짓지 마라
한두 번 글러지면 옳던일도 글러지고
한두 번 옳은 뒤난 容恕가 쉬우니라
河海같은 慈情으로 더구나 感激하야 다시금 조심하라
쓰시난 器物 등도 愛重히 녀기거던
하물며 親同氣야 父母一身 갈랐으니 그 아니 親愛할까
小小한 일 허물 말고 내 도리라 極盡하면
남이라고 和合커던 同氣야 이를손가
兄弟가 皆友하면 和樂慈心 하나니라
인간에 友愛保全 內間에도 매였으니
우애가 끊어지면 和氣가 다시 없어
家道가 腐塞하면 그 아니 寒心하리
一尺布 一升穀을 있난 대로 갈라하고
友愛만 생각하니 財物을 議論마라
재물 끝에 誼 상하면 형제가 남과 같다
天倫으로 생긴 우애 나날이 솟아 나니
兄友弟恭 각각하면 六族도 되려니와
차차로 追遠506)하면 奉先之心 절로 난다
禮敎를 다 알소냐 稱家 有無 形勢대로
祭日이 當하거던 奠器에 조심하야
衣服을 씻어입고 齋戒를 淨히 하되
不正之色 보지 말며 不正之聲 들지 말고
각가지 祭需等物 淨潔토록 조심하야 한가지나 잊힐세라
차차로 생각하야 精誠이 至極하고

505) 모두.
506) 추원 : 지나간 먼 일을 돌이켜 생각함.

謹告凄愴 그 가운데 神道가 歆饗507)하고 여음이 있나니라
祖先의 기친 門戶 그 아니 極重한가
문호를 守護하여 接賓客 길할세라
外堂에 通知 있어 손님이 오시거든
없다고 눈속 말고 있난 것 辭念508)마라
반가음 볼지라도 조심을 다시하여
飯饌이 有無間에 먹도록 待接하면
돌아가 公論人事 아모집 아모댁이
안 흠세도 없거니와 밖에서 생색이라
接賓客 하자 하면 使令없어 되겠나냐
婢僕은 사령이라 手足과 같으니라
貴賤이 다르나마 그도 또한 血肉이니
살뜰이 거두우되 恩威를 並施하라
威嚴이 至重하면 忠誠이 전로 없고
恩愛를 과히 하면 버릇없기 쉬우니라
衣食을 살펴보와 飢寒이 없게 하며
疑心커던 쓰지 마라 시킨 후에 의심 마라
兩班이 의심하면 속일 눈을 뜨나니라
죄가 있어 꾸짖어도 事情을 忖度509)하여
威令을 세우나마 義理를 타이르면
感服도 하려니와 외우가 없나니라
인간에 大富貴난 운수에 관계하나
안 治産 잘못하면 損害가 없을소냐
勤儉이 으뜸이나 쓸 때야 안쓸쏘냐
凡百을 料量하야 中道에 맞게하라

507) 흠향 : 신명(神明)이 재물을 받음.
508) 사념 : 사양하는 생각.
509) 촌도 : 미루어 남의 마음을 헤아림.

못할 일을 한다 하면 남에게 천히 뵈고
쓸데를 아니 쓰면 남에게 得談한다
祖先의 世傳之業 한 푼인들 虛費하며
勤勞이 지은 농사 한 알인들 許容할까
직임조순 酒食祭儀 女子의 本事로다
治産에 쓰난 기물 제자리에 정해두고
門戶를 團束하며 室當을 淨히 하라
여인주조 할지라도 言語를 조심하라
남의 흉이 한가지면 내 흉이 몇 가지냐
착한 사람 본을 받고 흉한 사람 경계하면
그 중에 師長 있어 내 사람 느나니라
부녀의 本性品이 偏狹하기 쉽사오니
일시에 못참은 말 後悔한들 미칠소냐
참기를 爲主하고 속너르기 힘을 써라
차차로 행해 가면 그것도 공부되야
天性도 고치거던 허물이야 짓겠나냐
每事를 당하거던 식사를 하지 말고
眞情으로 하여라 식사는 헛일이라
남부터 먼저 아니 무색하기 측량있나
기름이 좋다 하나 기름 끝에 흉이 있고
毁言510)이 설다 해도 그것이 師長이라
毁言듣고 自責하면 내 허물 내 알아서
다시사 銘心하면 훼언이 豫言되네
부녀 소리 높이 하면 家道가 不吉하니
牝鷄晨鳴511) 옛 警戒는 規範에 관계되니
盡善盡美 못할망정 柔順하기 으뜸이라

510) 훼언 : 남을 헐뜯어 꾸짖는 말.
511) 빈계신명 : 암탉이 새벽에 우는 것. 곧 여자의 목소리가 높은 것.

購窮恤貧512) 하난 道와 施惠報恩 하난 일이
옛부터 積善之家 차례로 紀範 있어
어룬의 할 탓이라 네게야 關係있나
奉養君子 하난 道와 敎養子女 하난 法은
너의 듣기 羞愧하야 아즉이야 다 못할다
너 사람 무던하니 許多한 警戒之言 이만저만뿐이로다
(『조선민요집성(朝鮮民謠集成)』)

(7) 화젼가(花煎歌)513)

작자 미상

어와 여종들아 이내 말삼 들어 보소
이 해가 어떤 해뇨 우리 임금 華甲이라
華封514)의 祝願으로 우리 임금 祝手하고
康衢515)의 擊壤歌516)로 우리 女人 和答하네
仁政殿 높은 殿에 壽宴을 排設하니
百官은 獻壽하고 蒼生은 鼓舞한다
春塘臺517) 넓은 땅에 慶科518)를 보이시니

---

512) 주궁휼민 : 매우 가난한 살림을 구원함.
513) 작자 및 창작 연대 미상의 영남 내방가사. 봄에 시집살이의 굴레를 벗어나 경치
    좋은 곳에서 화전놀이를 하며 부르던 노래.
514) 화봉 : 화봉삼축(華封三祝)의 준말. 수(壽)와 부(富)와 다남(多男)하기를 축복하는 말.
515) 강구 : 사람들이 많이 다니는 사거리.
516) 격양가 : 중국 요(堯) 임금 때 농부가 태평성대를 즐겨 양(壤)이라는 장난감을 두드리
    며 부른 노래.
517) 춘당대 : 창경궁 안에 있는 누각으로 과거시험을 보던 곳.
518) 경과 : 나라에 경사가 있을 때 보는 과거시험.

穆穆519)하신 우리 임금 瑞日같이 臨하시고

彬彬520)하신 名儒들은 華床521)에 奔走하다

이렇듯이 좋은 해에 이 때가 어느 때뇨 不寒不熱 三春522)이라

深柳靑絲523) 드린 곳에 黃鶯이 片片하고

天崩繡帳524) 베푼 곳에 蜂蝶이 紛紛하다

우리 黃鶯 아니로되 꽃은 같이 얻었으니

우리 비록 女子라도 이러한 太平世에 아니 놀고 무엇하리

百萬年 다 버리고 하루 놀음 하려 하고

日字를 定차하니 吉日良事 언제런고

二月이라 念五日525)은 淸明時節526) 제때로다

손꼽고 바라더니 어느 덧에 다닫고야

아이 종 急히 불러 앞뒷집 서로 일러 消息하고 가사이다

老少 없이 다 모이어 次次로 달아나니 凝粧盛飾527) 燦爛하다

遠山 같은 눈섭을랑 蛾眉로 다스리고

橫雲528)같은 귀밑일랑 鮮鬢529)으로 꾸미도다

東海에 고운 明紬 잔줄 지어 누벼 입고

秋陽에 바랜 베를 연반물530) 들여 입고 鮮明하게 나와 서서

좋은 風景 보려하고 佳麗江山 찾았으되

---

519) 목목 : 밝고 총명한.
520) 빈빈 : 재주가 뛰어나 보이는 모양.
521) 화상 : 과거보는 장소.
522) 삼춘 : 음력 1월, 2월, 3월을 말함. 봄을 맹춘(孟春), 중춘(仲春), 계춘(季春)으로 나누
　　　므로 삼춘(三春)이라 함.
523) 심류청사 : 푸른 실처럼 늘어진 버드나무가지.
524) 천붕수장 : 많은 산을 수놓은 장막.
525) 염오일 : 25일. '염(念)'은 20일.
526) 청명시절 : 청명 절후가 있는 때. 양력 4월 5·6일 경.
527) 응장성식 : 단장하고 꾸민 화려한 옷차림.
528) 횡운 : 길게 놓인 구름. 곱게 내려온 귀밑머리를 가리키는 말.
529) 선빈 : 신선의 머리 빗은 모양.
530) 연한 푸른 물감.

龍山을 가려느냐 매봉으로 가려느냐

山明秀麗 좋은 곳은 蘇鶴山531)이 第一이라

어서 가자 바삐 가자 앞에 서고 뒤에 서고

泰山 같은 高峰峻嶺 허위허위 올라가서

勝地532)에 다달거다 左右風景 둘러보니

首陽같은 金鰲山533) 忠臣이 멀었거늘 어찌 저리 푸르렀으며

黃河같은 洛東江은 聖人이 나시련가 어찌 저리 맑아있노

求景을 그만하고 花煎터로 나려와서

빈철534)이야 정관535)이야 시냇가에 걸어놓고

청유536)라 백분이라 花煎을 지저놓고

花間에 再從叔姪537) 웃으며 불렀으되 어서 오고 어서 오소

집에 앉아 水陸珍味 보기는 하려니와

우리 一室 同歡하기 이에서 더할소냐

松下에 늘어 앉아 꽃가지로 찍어 올려

春味를 快히 보고 남은 興을 못 이기어

上上峰 치어달아 限없이 좋은 景을 一眼에 다 드리니

저 높은 白雲山은 赤松子538) 노던 덴가

盤石 위에 바둑판은 洛書格539)을 벌려 있고

幽邃한540) 黃鶴洞은 西王母541) 있던 덴가

531) 소학산 : 경상도 구미에 있는 산.
532) 승지 : 경치 풍경이 좋은 곳.
533) 금오산 : 경주 남쪽에 있는 산.
534) 굽이진 철판.
535) 새옹솥.
536) 참기름.
537) 재종숙질 : 여러 친척들.
538) 적송자 : 중국 고대 제왕인 신농씨(神農氏) 때, 풍우를 타고 곤륜산에 내려와 놀았다
    는 신선의 이름. 중국 신선의 시조.
539) 낙서격 : 중국 하수(河水)에서 거북이 등에 글을 지고 나왔다는 고사.
540) 유수한 : 그윽한.
541) 서왕모 : 중국 고대 전설에서 요지(瑤池)에 산다고 하는 선녀. 동왕부(東王父)의

淸溪邊 복성꽃은 武陵源542)이 毅然하다
이러한 좋은 景槪 欠없이 다 즐기니
蘇仙의 赤壁543)인들 이에서 더 할손가
李白의 采石544)인들 이에서 나을손가
花間에 벌여 앉아 서로 보며 이른 말이
女子의 所見인들 좋은 景을 모를소냐
閨中에 썩힌 肝腸 오늘이야 快한지고
胸襟이 爽然545)하고 心身이 豪宕하여
長長春日 긴긴 날을 긴 줄도 잊었더니
西山에 지는 해가 九谷에 재촉하여
層岩高山에 暮煙이 일어나고
碧樹洞裏에 宿鳥가 돌아든다
興대로 놀려 하면 人間의 自然 醉客이
아닌 故로 마지못해 일어나니
岩下야 잘있거라 江山아 다시 보자
時和歲豊546) 하거들랑 蒼眼白髮547) 흩날리고 故鄕山川 찾아오마

대칭(對稱).
542) 무릉원 : 진나라 도잠(陶潛)의 <도화원기(桃花源記)>에 나오는 '무릉도원(武陵桃
     源)'. 곧 선경(仙境).
543) 소선의 적벽 : '소선(蘇仙)'은 북송 때의 문인이며 학자인 소식(蘇軾). 호는 동파(東
     坡). '적벽(赤壁)'은 소식이 놀았다고 하는 호북성 황강현 성 밖에 있는 적벽강.
544) 채석 : 중국 당나라의 시인 이백이 술에 취해 강에 비친 달을 잡으려다가 빠져
     죽었다는 채석강.
545) 상연 : 아주 시원한 모양.
546) 시화세풍 : 시절이 태평하고 풍년이 듦.
547) 창안백발 : 푸른 눈과 흰머리.

(8) 노처녀가(老處女歌)548)

작자 미상

인간 세상 사람들아 이내 말슴 드러보소
인간 만물 생긴 후에 금수초목 짝이 잇다
인간에 생긴 남자 부귀 자손 갖것마는
이내 팔자 험구즐손549) 날 가튼 이 또 잇는가
백년을 다 사라러야 삼만육천 날이로다
혼자 살면 천년 살며 정녀550) 되면 만년 살가
답답한 우리 부모 가난한 좀양반이
양반인 체 도를 차려 처사가 불민하여
괴망551)을 일사므니 다만 한 딸 늘거간다
적막한 빈 방안에 적료하게 혼자 안자
전전불매552) 잠 못 이뤄 혼자 사설 드러보소
노망한 우리 부모 날 길러 무엇하리
죽도록 날 길러서 자바쓸가 구어쓸가
인황씨553)적 생긴 남녀 복희씨554)적 지은 가취555)
인간 배필 혼취함은 예로부터 잇것마는
어떤 처녀 팔짜 조하 이십 전에 시집간다

---

548) 작자 및 창작연대 미상. 나이 사십이 되도록 시집 못간 노처녀의 한을 읊은 노래.
549) 험하고 궂음이.
550) 정녀(貞女). 남자와 한 번도 관계하지 않은 여자.
551) 괴망(怪妄). 말과 행실이 기괴하고 망칙함.
552) 이리 저리 뒤척이며 잠을 이루지 못함.
553) 중국 고대 전설에 나오는 삼황(三皇)의 하나. 삼황은 천황(天皇), 지황(地皇), 인황(人皇)으로 구주(九州)를 나누어 다스렸다고 함.
554) 중국 고대 전설에 나오는 제왕(帝王). 처음으로 백성에게 어렵(漁獵), 목축(牧畜), 팔괘(八卦)를 가리켰다고 함.
555) 가취(嫁娶). 혼인(婚姻)과 같은 말.

남녀 자손 시집 장가 떳떳한 일이것만
이내 팔짜 기험하야 사십까지 처녀로다
이런 줄 아랏스면 처음 아니 나올 것을
월명 사창 긴긴 밤에 침불안석556) 잠 못 드러
적막한 빈 방안에 오락가락 다니면서
장래사 생각하니 더욱 답답 민망하다
부친 하나 반편이오 모친 하나 숙맥불변557)
날이 새면 내일이요 세가 쇠면 내년이라
혼인 사설 전폐하고 가난 사설 뿐이로다
어대서 손님 오면 행여나 중매신가
아희 불러 힐문558) 한즉 풍헌 약정559) 환자560) 재촉
어대서 편지 왓네 행여나 청혼선가
아희다려 무러보니 외삼촌의 부음이라
애닯고 서른지고 이내 간장을 어이 할고
앞 집에 아모 아기561) 발서 자손 보단 말가
동편집 용골녀562)는 금명간에 시집가네
그 동안에 무정 세월 시집가서 풀럿마는
우리 부모 무정하여 내 생각 전혀 없다
부귀 빈천 생각 말고 인물 풍채 마땅커든
처녀 사십 나이 적소 혼인거동 차려주오

---

556) 근심 걱정으로 편히 잠을 이루지 못함(寢不安席).
557) 콩인지 보리인지 분간하지 못함(菽麥不辨). 어리석고 못난 사람들을 비유할 때 쓰임.
558) 힐책하여 물음(詰問).
559) '풍헌(風憲)', '약정(約正)'은 권선징악을 취지로 한 향촌의 규약인 향약의 소임.
    향청(鄕廳)에는 좌수(座首)·유사(有司)·별감(別監), 면(面)에는 풍헌(風憲)·유사
    (有司), 리(里)에는 존위(尊位) 등의 소임이 있었음.
560) '환상(還上)'과 같음. 봄에 각 고을의 사창(社倉)에서 백성들에게 꾸어 주었던 곡식
    을 가을에 받아들이는 일.
561) 다른 처녀를 지칭하는 말.
562) 심술이 많은 여자.

김동이도 상처하고 이동이도 기처로다
중매할미 전혀 없네 날 차즈리 어이 없노
감정 암소 살저 잇고 봉사전답[563] 갖건마는
사족가문[564] 가리면서 이대도록 늙허노니
연지분도 잇것마는 성적단장[565] 전폐하고
감정 치마 흰 저고리 화경[566] 거울 앞에 노코
원산 가튼 푸른 눈섭 세류 가튼 가는 허리
아름답다 나의 자태 묘하도다 나의 거동
흐르는 이 세월에 앗가울손 나의 거동
거울다려 하는 말이 어화 답답 내 팔자여
갈대 없다 나도 나도 쓸대 없다 너도 너도
우리 부친 병조판서 한아버지 호조판서
우리 문벌 이러하니 풍속 쫏기 어려웨라
안연듯[567] 춘절되니 초목군생 다 즐기네
두견화 만발하고 잔디닢 속닢 난다
사근바자 쟁쟁하고[568] 종달새 도두 뜬다
춘풍야월 세우시에 독숙공방 어이할고
원수의 아희들아 그런 말 하지마라
앞집에는 신랑 오고 뒷집에는 신부 가네
내 귀에 듯는 바는 늣길 일도 하고 만타
녹양방초 저믄 날에 해는 어이 수이 가노
조로[569] 가튼 우리 인생 표연히 늘거가니

---

563) 조상의 제사를 받들기 위해 마련된 논과 밭(奉祀田畓).
564) 사족가문(士族家門). 문벌있는 집안.
565) 혼인날 신부 얼굴에 분 바르고 연지 찍어 곱게 꾸미는 것(成赤丹粧).
566) 볕에 비추어서 불을 일으키는 거울(火鏡).
567) 편안하고 거침없이.
568) 삭아버린 울타리에 봄바람이 이는 소리를 형용한 것. '바자'는 울타리.
569) 아침이슬(朝露).

머리채는 옆에 끼고 다만 한숨 뿐이로다
긴 밤에 짝이 없고 긴 날에 벗이 없다
안잣다가 누엇다가 다시금 생각하니
아마도 모진 목숨 죽지 못해 원수로다

고전시가의 이해

초판 2쇄 발행일	2009년 2월 26일
초판 3쇄 발행일	2014년 3월 11일

지은이	성낙희 · 조연숙
펴낸이	정구형
편집/디자인	심소영 신수빈 윤지영 이가람
마케팅	정찬용 권준기
영업관리	김소연 차용원 현승민
컨텐츠 사업팀	진병도 박성훈
인쇄처	월드문화사
펴낸곳	**국학자료원**

등록일 2006 11 02 제2007-12호
서울시 강동구 성내동 447-11 현영빌딩 2층
Tel 442-4623 Fax 442-4625
www.kookhak.co.kr
kookhak2001@hanmail.net

ISBN	978-89-5628-206-0 *93900
가격	10,000원

* 저자와의 협의하에 인지는 생략합니다.
  잘못된 책은 구입하신 곳에서 교환하여 드립니다.